市町村のための防災・危機管理
ーこれから防災を担当する若い人に是非読んでほしい体験記ー

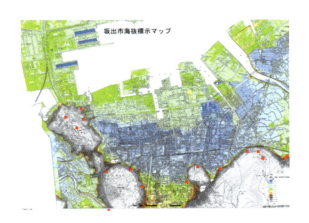

　５年間の市役所勤務を振り返り様々な現実に直面する度に自衛隊当時には見えてこなかったものが見えてきた。それは
「災害時人は何故逃げないのか」…
「真実は一つでもその評価は二面性がある。」
　　　　　　　発刊の言葉より（平成 28 年 4 月）

著者：高木 照男
（元陸上自衛隊１等陸佐／前坂出市危機監理室長）

＜発刊の言葉＞

　著者は、防衛大学校卒業後、防衛省・自衛隊において、第一線部隊等の指揮官、幕僚、教官、研究員等として約３５年間勤務した後、平成２３年１月退官、同年３月１１日に発生した東日本大震災直後の４月から平成２８年３月末までの５年間、郷里坂出市の初代危機監理室長として勤務した経験と各種災害対応を通し、市町村の防災危機管理のあり方について提言するものである。

　私は、自衛隊勤務時代に平成７年１月に発生した阪神大震災、平成１６年に西日本各地を襲った台風２３号をはじめとする風水害や土砂災害、昭和５６年に発生した北陸豪雪災害等に従事し、災害対応についてはある程度の心構えができていたつもりだった。平成２３年３月１１日午後２時４６分に発生した東北地方太平洋沖地震と津波、その後の福島第一原子力発電所事故や各地で起きた各種の２次災害は、今を生きる人々のこれまで経験したことのないような広域的な大規模複合災害に対する危機意識の欠如が露呈した災害でもあり、私自身もそうであるが、慢心し自己本位になりがちな人間の本性を見たようでもあった。また、近年の地球温暖化による異常気象は、物質的豊かさと繁栄をもたらした科学技術の進歩の中で徐々に侵されていた地球環境破壊という見えない進歩現象でもあり、万里の長城と言われた宮古市田老町の大防潮堤が一瞬に倒壊した現実を見て自然脅威に対する人間の無力さにただ茫然と立ちすくんだ記憶が今も蘇る。一方において、震災後互いに助け合い配給を待って並ぶ日本人の姿や礼儀正しさ、我慢強さに海外から一様に称賛の声が上がり、一筋の希望を見たのも事実であった。あの時からずっと頭（心）の奥につまりどうしても解決

できないものがあった。

　今５年間の市役所勤務を振り返り、様々な現実に直面する度に自衛隊勤務時には見えてこなかったものが見えてきた。それは「災害時人は何故逃げないのか」、「自分の尺度でしか現実を見ない。あなた任せ、押しつけの姿勢は何故生まれるのか」といった課題である。私自身の心の中にも常に存在する人間の弱さといってもよいが、現実社会に蔓延する閉ざされた言論空間の中で防災対応に課せられた永遠の課題といっても過言ではない。「真実は一つでもその評価は二面性がある」は、１１年前に投稿したある著書に対する百文字書評の一節で「あなたの書評を採用させて頂きます」との通知を頂いた。その意味は、概ね物事は個人の見方や考え方によってどうにでも解釈できる（見える）ということだが、現実社会では知識や統計、経験則はあっても行動上の正誤はないともいえる。赤信号で止まることには無意識に体が反応するのに、防災対応には何故反応しないのだろうか。

　それは日常生活の一部として行動しているか否かに負うところが大きいのである。本書は、以上のような思いからこれまでの防災対応を通して私なりに見出したものを読者の皆さんに少しでも共有して頂くためにまとめたもので、これから防災を担当する若い人に是非読んでほしい一書（体験記）である。

平成２８年４月

＜推薦の言葉＞

　素案の段階で読ませて頂きましたが、非常に読みやすく、読み進めて行くうちにそうだそうだと頷いている自分がいました。素晴らしい内容です。
　市町村の防災担当者だけでなく多く地域の自主防災関係者のみなさんに、ぜひ読んで頂きたい著書です。
　「発刊の言葉」の最後に書かれている「現実社会では知識や統計、経験則はあっても行動上の正誤はないともいえる。赤信号で止まることには無意識に体が反応するのに、防災対応には何故反応しないのだろうか。それは日常生活の一部として行動しているか否かに負うところが大きいのである。」の一節は、いみじくも防災の本質を言い当てた表現です。
　私たち防災関係者は、何十年あるいは何百年に一度遭遇するかしないかの地震に対して、「いつ起きてもおかしくない、明日起きても対応できるように防災対策をしておきましょう」と訴えてきてます。それはもちろん重要ですが、その前に、いざというときに適切な状況判断や迅速な避難行動が日常生活の一部として無意識にできるように工夫することが必要だと考えています。
　高木さんの著書は全体を通して、日常生活の一部として無意識に「防災意識の醸成」、「防災対策の実践」を工夫して頂くことの重要性を指摘されています。この著者は必ずに市町村の防災担当者の心を動かし、地域の防災力向上に繋がると確信しています。
　一人でも多くの方に読んでいただけることを祈念しています。
　　　　　　　　　　　　　　平成２８年６月１７日　　白木　渡

◎　推薦者：白木　渡
　　香川大学　四国危機管理教育・研究・地域連携推進機構特任教授・副機構長・危機管理先端教育研究センター長
　　四国防災共同教育センター長

＜最近の功績＞
・平成２６年４月１５日：平成２６年度科学技術分野の文部科学大臣表彰（受賞）
・平成２６年９月１０日：平成２６年度防災功労者内閣総理大臣表彰（受賞）
・平成２７年５月７日：平成２７年度「かがわ２１世紀大賞」受賞
・平成２８年３月１５日：「ジャパン・レジリエンス・アワード（強靭化大賞）２０１６」最優秀レジリエンス賞受賞

― 目　次 ―

＜発刊の言葉＞……………………………………………………2
＜推薦の言葉＞……………………………………………………4

第1章　防災心理と危機管理…………………………………………8
　1　東日本大震災の衝撃、地震予知と防災訓練の意味を考える…8
　2　自衛隊勤務を踏まえた行政の危機管理のあり方……………12
　3　市町村における防災・危機管理業務の進め方………………16
　4　東北職員派遣体験と4年後の東北研修…………………………19
　5　新人職員研修を通した職員意識の改革…………………………30
　6　一般職員研修を通した職員意識の改革…………………………36

第2章　市町村の災害対応への取り組みについて…………………39
　1　地域防災計画の修正………………………………………………39
　2　ハザードマップの作成……………………………………………41
　3　災害時要援護者支援計画の作成…………………………………45
　4　香川地域継続検討協議会における
　　　　　　　　　　　　業務継続計画（ＢＣＰ）策定…48
　5　大規模災害に対する備えの現状と課題……………………………55
　6　管理職を対象とした職員訓練（課長補佐級以上）……………62
　7　坂出市防災トップセミナー………………………………………71
　8　坂出市防災女性チーム「防災１３１おとめ隊」………………75
　9　坂出市震災対策避難防災訓練……………………………………77
　10　ＦＭサン「防災はじめの一歩」コーナー開設…………………79

第３章　私のコラム集 …………………………………………82
　１　東日本大震災の警告〜今すぐできる防災対策〜
　　　　　　　　　　　　　　　（平成23年8月）…82
　２　防災危機管理と市役所所勤務について（平成26年4月）…95
　３　建設業界と防災について（平成27年6月）……………96
　４　プロの技（平成15年8月）………………………………98
　５　問題解決能力（平成13年10月）………………………99
　６　指揮官の仕事（平成15年1月）………………………100
　７　武力攻撃事態対処法・国民保護法について
　　　　　　　　　　　　　　　（平成23年3月）…103
　８　狙われたら防げない今どきの情報セキュリティ事情に思う
　　　　　　　　　　　　　　　（平成26年8月）…105
　９　防衛大学校体操部大車輪〜４２年前を偲ぶ〜
　　　　　　　　　　　　　　　（平成27年5月）…107
第４章　私の防災講演ＰＰ資料集 ………………………………110
　１　教育委員会における防災講演（平成23年8月）…………110
　２　寿町中央自治会防災講話（平成24年4月）………………114
　３　横津町自治会防災講話（平成25年8月）…………………118
　４　川津地区社会福祉協議会防災講話（平成26年11月）……121
　５　中央地区婦人会防災講話（平成27年3月）………………123
　６　自主防災組織リーダー研修会（平成27年7月）…………127
　７　災害に強いまちづくり検討会、その他の施策
　　　　　　　　　　　　　　　（ＰＰ資料抜粋）……130
　＜あとがき＞ ……………………………………………………133

第1章　防災心理と危機管理

1　東日本大震災の衝撃、地震予知と防災訓練の意味を考える

　私は、平成23年1月20日に防衛省自衛隊を退官し、同年4月からの新職場となる坂出市役所での勤務に備えつつ、3月5日から12日までの1週間スペインの旅に出かけた。目的は、欧州・イベリア半島における民族抗争の歴史探訪、エル・グレゴ、ベラスケス、ゴヤ、ピカソほかの絵画鑑賞、闘牛・フラメンコやイスラム文化の体感及び世界遺産アントニー・ガウディ作品群の散策にあったが、これまでの国民の生命・財産を守る国家安全保障の仕事から住民の生命・財産を守る地方自治の仕事へ切り替える気持ちの整理と休養でもあった。3月9日、最後の観光地に向かう飛行機内で地震のニュースがあり、TV画面にはM7．3が表示され阪神大震災並みの地震であることは認識したが、震源地は表示されなかった。2日後の3月11日バルセロナからアムステルダム経由で帰国するKLMオランダ航空機内において、日本で地震があったとのニュースが流れたが、その後の情報はないまま関西空港へ向かった。到着ロビーで繰り返し放送されていた衝撃的な地震津波の映像は今でも私の脳裏から離れない。

　今振り返ると、3月9日の地震以降多数観測されている地震は前震と発表されているが、11日に本震が発生するまでは9日の地震が本震でそれ以降の地震は余震と判断されていた。前震は、過去の地震でも度々発生しており、前震として捉えていれば被害はかなり抑えられたと思うが、一連の地震活動の中で前震か本震かは判断できず予知に繋がった例はないようである。

<スペインの旅（2011.3.5〜3.12）>

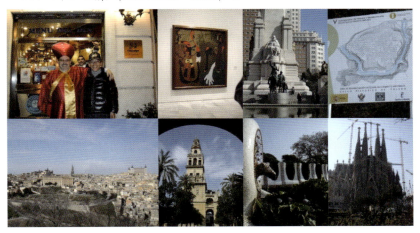

　今後の予知技術の進歩には大いに期待したいところであるが、最終判断はあくまで人であることを忘れてはならない。このことは、東日本大震災の教訓の一つでもある。予知とは、場所・大きさ・時間を特定して地震発生を予測することであり、予知は決定論で予測は確率論であることから、研究が進むほど正確に予測することは難しいと言われている。現在、ＤＯＮＥＴと呼ばれる南海トラフ地震を対象としたリアルタイム観測システムの構築と地震発生メカニズム解明等を目的に開発された海底ケーブルネットワーク型の地震津波観測システムが東海から和歌山沖の海底に設置されている。これは地震動や津波の発生を震源に近い場所で捉え、陸上観測点より十数秒早く検知することにより、警報を発することで住民の地震・津波対応に繋げようとするものである。これらの研究は、住民意識や行動に結びつかなければ有効な対策とはならないが、賢明な読者の皆さんはこの十秒の時間をどう判断し活用するだろうか。普段から

何ができるか考え、訓練しておかなければ生かせるものではないことは容易に理解できると思う。このことは、普段の防災訓練が重要と言われる所以でもあり、訓練を通して命を守ることの意味を考えるきっかけにしてほしいものである。訓練といっても大上段に構える必要は全くなく、日常生活や会話の延長として位置付けることが大切である。

　帰国後から市役所勤務までの2週間、改めて自ら初心に戻ることへの戒めと防衛省での経験が受け入れられるか未知数の職場への期待から、私自身にギヤーチェンジが入ったことを思い出す。東日本大震災以降、時の経過とともに国・県、防災関係機関、学術研究機関等が実施する各種研究・検討、被災県や市町村等でまとめた記録教訓集、対応にあたった住民やボランティアの体験談等、大震災で起きたことの全容が明らかになりつつある反面、住民意識の風化が生起しているのも現状である。国・県は、過去の地震や現代科学の知見を結集し、考えられる最大規模の地震・津波を前提に新被害想定を公表するとともに、災害対策基本法をはじめとする防災関連法案を改正・制定し各種計画類を見直している。私が勤務した5年間は、まさに市町村の計画類を修正・策定し、行政が行動できる環境

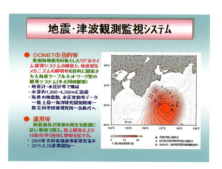

を整えることと同時に、職員を含めた住民意識をいかに変えていくかの戦いであった。ここで、防災対応の理解を容易にするため、東日本大震災の概要を確認しておく。

　平成２３年３月１１日１４時４６分、仙台市東方沖７０kmの三陸沖海底を震源とする国内観測史上最大の巨大地震が発生、震源深さは１０km、マグニチュード９．０、最大震度は宮城県栗原市で震度７、宮城県・福島県・茨城県・栃木県の３７市区町村で震度６強を観測した。この地震では、岩手県沖から茨城県沖の長さ約５００km、幅約２００kmの広範囲にわたり６分間に３回連続して断層破壊が起こった。これにより波高１０ｍ以上の巨大津波が発生、最大遡上高は約４０ｍに達し、三陸海岸の市町村を飲み込んでしまった。地震による揺れや液状化現象、地盤沈下、ダムの決壊等により北海道から東京湾を含む関東地方まで広大な範囲で被害が発生し、各種社会基盤やインフラが寸断された。平成２８年３月１０日時点で死者・行方不明者１８,４５５人、建物等全半壊約４０万戸、避難者４０万人以上、停電８００万戸以上、断水１８０万戸以上等が報告されている。また、地震発生から約１時間後、津波により福島第一原子力発電所の全電源が喪失、１号・２号・３号炉で炉心溶融（メルトダウン）が発生、大量の放射性物質の漏洩を伴う重大な原子力事故に発展し、３０km圏に避難指示が出された。

　以上のような災害の規模を振り返って、これまでの震災歴史を見ると、地震・津波による被害は各時代の社会基盤や生活環境等により異なるものの、その規模については同じような記録が残されている。大地震が数百年から数千年間隔で繰り返され、現在を生きる人々の記憶にないとはいえ、何故人は同じ過ちを繰り返すのだろう

か。本章タイトル「防災心理と危機管理」との関係を考え考察することで、防災の知識や意識の向上に繋げれば幸いである。
◎ 参考：自衛隊の派遣概要
・人員：延べ１０，６６４，８７０人（派遣日数２９１日）、航空機５０，１７９機、艦艇４，８１８隻
・編成：３．１４君塚栄治東北方面総監を指揮官とする災統合任務部隊（ＪＴＦ－ＴＨ）を編成［人員１０．７万人（陸７万人、海１．５万人、空２．１６万人）、回転翼２１７機、固定翼３２６機、艦船５３隻］
福島第一原発事故に対し、ＪＴＦとは別に中央即応集団約５００人を待機出動
・主成果：人命救助１９，２８６人、遺体収容９，４８７体、物資等輸送１１，５００ｔ、医療チーム輸送１８，３１０人、患者輸送１７５人、給水支援約３２，８２０ｔ、給食支援約４，４４７，４４０食、燃料支援約１，４００ＫＬ、入浴支援約８５４，９８０人、衛生等支援約２３，３７０人

２　自衛隊勤務を踏まえた行政の危機管理のあり方

(1) 危機管理と日本人の意識

　　危機管理という語源は、冷戦時代の核戦争への懸念から使われた概念であり、本来国家安全保障の領域にあったため、地方自治体に危機管理の概念はなかった。その理由として、災害対応が自治体事務であるのに対し、国民保護措置が国の法定受託事務に位置付けられていることが考えられる。阪神大震災が危機管理元年と言われるが、近年は全国レベルで対応しなければならない様な大規模災害が

頻発するようになり、平成１０年に内閣法が一部改正され、内閣官房に内閣危機管理監が新設された。その事務所掌は「内閣官房長官及び内閣官房副長官を助け、命を受けて内閣官房の事務のうち危機管理（国民の生命、身体又は財産に重大な被害が生じ、又は生じるおそれがある緊急の事態への対処及び当該事態の発生の防止をいう）に関するもの（国の防衛に関するものを除く）を統理することを職務とする。」と定められている。地方自治体に危機管理部局（課・室）が新設され始めたのはこの頃からで、自衛隊のＯＢが自治体に配置されるようになったのもこの時期と重なる。なお、自衛隊は精強性維持のため若年定年制を採っていることから、多くの自衛官が５０歳代半ばで退職することになるが、近年の災害状況に鑑み防災危機管理を行う人材として地方自治体からの採用要請が多くなっている。平成２７年末現在、自衛隊ＯＢの地方自治体防災関係部局へ再就職状況は、３６８名（都道府県８２名、市区町村２８６名）である。

　以上のように、自治体の防災対応に危機管理の概念が導入されるまでは安全管理で対応していたが、一般的に安全管理が事象等を予測して対応するのに対し、危機管理は予測し得ない事象に対応しなければならないことから、対応に当たる者の見識や経験、訓練に裏付けられた対応が重要となってくる所以でもある。安全管理は、安全状態を維持するという受身的な側面があるため、大半は何もしなくてもよい、起こってから対応すればよいという意識が働いていたのも否定できない。このことが国・地方公共団体、住民意識を含め十分な対応ができてこなかった実態ではないだろうか。また、日本人には言霊思想があり、不吉なことを声に出すと現実に起きると信

じられたことから、災害のことは考えない傾向がある。加えて昭和の高度成長期に技術の進歩とともに、急速な経済発展を遂げ、社会基盤や国土開発を実施する過程で自ら安全神話を作り上げた側面がある。これらのことが日本人は危機対応が苦手といわれる所以でもあり、東日本大震災では個人意識の差が被害に大きく影響したといっても過言でない。国はこれまでのような「防災は行政が行うもの」という意識では大規模広域災害には対応できず、住民や地域の「自助」「共助」なくして人命は守れないことを災害対策基本法に明記した。

　以上のことを踏まえ、改めて危機管理を定義づけると、予測し得ない危険状態を予測して排除することになるが、危機管理を実行に移すには与えられた安全では危険に気付かないし、安全と危険は常に隣り合わせにあるという認識がなければ行動にも繋がらないということになる。

(2) 危機監理室の発足と使命

　危機監理室は、平成23年4月1日坂出市の組織機構改革で発足された。名称の由来は危機を監督するという、より踏み込んだ対策と実行が求められると解釈していた。危機監理室は、防災係と情報監理推進係で構成されており、危機管理部署に情報部門があるのは香川県内では坂出市のみである。室に情報部門が編入され一元的な情報管理が可能となったことから、市長が災害対応や国民保護措置など危機管理を行う上で必要な迅速な判断や意思決定でき得る組織改編だったと言える。軍事組織が持つ幕僚（参謀）の一部門である情報幕僚（参謀）の機能を持っていたが、情報監理推進係の業務は

情報化に関することで、庁内ＬＡＮ、情報システム等の管理運用、情報セキュリティ対策、ホームページ・ツイッター等を活用した情報発信及び個人情報保護を行っていた。防災係の業務は、防災計画及び国民保護計画に関することと定められていたが、定型化されたものはなく、地域防災計画に規定された所掌事務を分析して具体的な業務予定を作成していた。１年目は暗中模索の中、国・県、防災関係機関等及び自治会、自主防災組織等からの調整や依頼で日々の予定が決まっていくという受身状態からスタートした。２年目で年間業務予定の骨格ができ、上下半期室業務分析検討会を実施し業務上の問題点・教訓事項を蓄積することで、ようやく３年目以降に主体的な業務ができるようになった。５年間の業務は、全て業務予定に記録され「危機監理室のあゆみ」として保管している。

　私の自衛隊勤務経験から、国家安全保障体制が強固なものか否かの指標として軍隊組織の精強度、軍人の資質・倫理、国民の意識・協力、法的環境整備があると教えられていたが、このことを防災業務に置き換え職員の資質や倫理、住民の防災意識や協力、円滑かつ効果的な防災活動を推進する法的環境整備が問われていると理解していた。行政が行う災害対応は、地域防災計画において「災害予防計画」、「災害応急対策計画」、「災害復旧計画」に区分して各種のソフト・ハード対策が記述されているが、これらを施策し実行することにより住民に安全・安心を提供することでもある。住民の意識を高めることは地域防災力の向上に直結する最も重要な要素であり、私の使命は地域防災力の中心的役割を担う住民及び自主防災組織の活性化に尽きると考えていた。また、防災対応は人・絆・信頼づくりでもあり、人を思いやる心や滅私奉公の防人の心が必要であるこ

と。住民の皆様には防災活動を通して現実を知り、危険を危険と感じる感性と危険を認知し得る「意識・知識・観察力」を養い、絶対はあり得ない社会の現実を学ぶことの大切さを訴えていた。

　危機監理室が発足した当時は、東日本大震災発生から3週間後にあたり、東北の被災地は余震が断続的に続く中、行方不明者の捜索を継続しつつ、懸命な復旧復興段階へ移行する段階だった。市役所においても現地の情報を入手し、職員派遣の検討、義援金・救援物資の受付、避難者受け入れの可能性、一般ボランティア窓口等のほか、危機監理室は新設部署として注目を浴び、ＴＶ・ラジオ局、新聞・雑誌などマスコミ各社からの取材対応、防災対策アンケート、地域や各種企業・団体等からの防災講演依頼が殺到した。私にとって、特に印象に残る防災講演となった坂出市教育委員会総会での講演会は、後の防災対応のベースとなったものであり、教育委員会会員交流誌「天地人」にも掲載されたのでＰＰ資料と併せ紹介したい。

☆　詳細は、第3章1「東日本大震災の警告〜今すぐできる防災対策〜（平成23年8月）」に記載する。

3　市町村における防災・危機管理業務の進め方

　はじめに、読者の皆さんに防災・危機管理業務の進め方を理解して頂くため、公益財団法人偕行社（旧陸軍元将校・生徒・軍属等の親睦組織）の機関誌への投稿記事の中に「市役所と自衛隊勤務の違いについて」触れた部分があるので、一部を抜粋し紹介する。

☆　詳細は、第3章2「防災危機管理と市役所所勤務について（平成26年4月）」に記載する。

市役所と自衛隊勤務の違いについて敢えて紹介したのは、行政に携わる職員には耳が痛いことと思うが、コラムの中でも触れている危機管理上不可欠な指揮命令系統と指導強制力の重要性を訴えたかったからである。自衛隊では部隊長等が着任した時、要望事項を示達することから始まる。行政においても業務の進め方は、各部課長等の管理者の自主裁量に委ねられており、年度当初に仕事の進め方をまとめ職員に配布した。その趣旨は、私の意思を明示することで業務行動基準にしてほしいとの意味合いがあった。しかしながら、国が掲げる行政組織の効率化と経費削減を目的とした行政改革の影響は、市町においては予想以上に大きく、人は削減されても業務量は増える一方の現状から全てを実行するには至らなかった。

＜仕事の進め方＞

```
1  業務運営の考え方：
  (1) 市民の安全・安心を第一義とした業務の推進
  (2) 危機管理のプロとしての実務能力の向上
2  業務推進要領：各人業務の他室共通の業務として実施するもの
  (1) 年、上・下半期又は四半期単位で実施するもの
  ・年度業務実施計画の策定及び主要業務予定の市長報告
  ・室分析検討会の実施、問題点・対策事項の次期への反映
  (2) 月単位で実施するもの
  ・課長等ミーティング参加、報告等に必要な事項はあらかじめ
    審議
  ・勉強会の実施、出張、各種会議等重要事項の情報共有
```

> (3) 週単位で実施するもの
> ・朝礼（５分間スピーチ）、週間主要業務の周知、情報共有・交換
> ・月間業務予定の審議（第３週のみ）
> (4) 毎日実施するもの
> ・朝礼（室ミーティング）：本日業務の打ち合わせ、情報共有・交換

　坂出市の組織は、市長、副市長の下に総務部、市民生活部、健康福祉部、建設経済部、教育委員会、水道局、消防本部、市立病院、選挙管理委員会事務局、公平委員会、農業委員会、出納局、監査委員事務局及び坂出市議会から成る機能別組織である。職員は、職務権限規程において部長（局長含む）、課長、室長及び課（室）長補佐、係長の職位ごとに職能が定められており、また、上司の命を受けて担当事務を処理し必要な調査研究及び指導改善を行うと定められた職位に参事、主幹、副主幹及び主査がいる。室長職は、平成２３年度の組織改編で、政策課企業立地推進室長、職員課危機監理室長、産業課にぎわい室長の３ポストとなった。危機監理室長の職位は課長、その他の室長は課長補佐と定められたが、私は嘱託採用だったため課長職権限委譲事項が新たに規定されるという変則的な処置が取られた。

　坂出市は、危機管理上ラインとスタッフの機能を有し、迅速な情報共有や意思決定が行われるよう見えるが、現実には個人の経験や能力に負うところが大きく、総合調整された形で意思決定されることは少なかった。重要案件には検討委員会等を設置し対応していたが、活発な意見は少なかったように感じた。災害発生時には地域防

災計画に定められた市長を本部長する災害対策本部が設置され、危機監理室が本部事務局を運営し、一元的な情報収集のもとに総合調整していたが、平素は情報共有が不十分となることが多かった。先に紹介した仕事の進め方は、その欠点を補うものとして情報の共有、意思の疎通、人間関係の醸成等、良好な職場環境を構築する等のメリットが多く、私自身は職員の業務を把握し、実務能力を向上させる手段として活用していた。

4　東北職員派遣体験と4年後の東北研修

(1) 仙台建物被害認定調査

　私は、平成23年7月4日から12日までの約1週間、東北被災市町村の建物被害認定調査員として職員派遣に室長として参加することに手を挙げた。派遣者の基準は一般職員が対象であったが、市の防災行政を預かる責任者として有効かつ実効性ある施策を講じるためには現地の現状、問題点を確認し、被災した自治体が今何を求め、今後復旧復興する上で何をしなければならないかを肌で感じる必要があると考えたからに他ならない。

　調査地区となった仙台市泉区は内陸部であったため、津波被害はなかったが、地震による建物・工作物、ライフライン被害、傾斜地・盛土部の土砂災害、液状化による地盤沈下など震度6の痕跡が区内全域に見られ、一般家屋、アパート・マンション、店舗等67軒の調査を通して罹災証明発行業務の促進に少しは貢献できたと思うが、それ以上に本調査を通して見聞し肌で感じた事がその後の業務に生かされたことの方が大きかったのは言うまでもない。以下は、業務所見・報告メモである。

1　全　般

　今回の建物調査認定業務は、泉区内の一般住民、企業等から申請があった物件に関するり災証明書発行に資するもので実質６日の派遣間に一般家屋、アパート・マンション、店舗等６７件の認定調査に従事した。他市町からの派遣職員は香川県高松市３名のほか東京市長会、調布市、宗像市、京田辺市等全国から派遣されていた。罹災証明の申請は６月以降高速道路無料化、固定資産税の減免、補助金・義援金の受け取り等を目的として急激に増加し、申請数は３万件超に対し処理件数は１万件を超え、再調査申請も千件を超えていた。現在の処理件数は１日２００件前後（約6000件／月）、このペースでは今後の申請や問題を考慮すると年内で処理できるかわからない状況である。

2　建物調査認定業務所見

　泉区は仙台市の北西部に位置し、高度成長期から宅地開発が進み仙台市のベッドタウンとして発展、１９８８年仙台市に編入合併されるまで県内第２の人口約２１万人を有していた。地形区分としては、西半分が山地で西北に泉ケ岳を擁し、七北田川が区の中心を東西に流れている。東半分は低丘陵で松島・七北田両丘陵が南北にあり、この間を河岸段丘による平地が東西に広がっている。東日本大震災では全域震度６前後で山手の住宅地造成地区に被害が出ており、市街地でも河川近くで地盤沈下を起こしている地区は被害が大きい。津波による被害はなく液状化によると思われる被害も何件か確認されているが、殆どが地震動による屋根・外壁・基礎等のひび割れや屋内天井・内壁・柱・浴槽等設備、家具転倒による破損などであった。６７件の調査のうち半壊以上が

> 10件あった。泉区で最も被害が大きかった松森陣ケ原地区では全壊家屋が判定されている。同地域の半壊判定されたマンション横の高級住宅街は全く無傷で適正な建築工法や建築材料使い耐震処置がなされている物件、耐震対策や家具等固定処置がなされている家屋では被害少なく耐震・固定処置は極めて有効である。
>
> 本業務は、IT社会の中にあっても人による個別訪問調査という地味地な活動が必要であり、莫大な作業所要に迅速に対応するには今回のような全国的な支援体制と被災自治体の受け入れ態勢を含み、これらを可能にする業務継続計画が重要になってくる。

私は、調査の合間に陸・海・空自衛隊から編成された自衛隊災害派遣史上最大規模の統合任務部隊の司令部となった東北方面総監部を訪問し、君塚栄治JTF司令官(当時東北方面総監、平成23年8月第33代陸上幕僚長就任、平成25年8月防衛省退官、平成26年6月静岡県危機管理担当補佐官就任、平成27年12月28日逝去)から災害派遣オペレーションや苦労話を直接伺うことができた。派遣期間は、3月14日から7月1日まで110日間、別に3月17日から8月31日までの168日間、福島第一原子力発電所

事故に対応する中央即応集団、中央特殊武器防護隊、海・空自衛隊の各支援部隊等で編成された原子力災害派遣隊が派遣されている。

君塚司令官からは、休憩隊員のスクープで自衛隊への苦情があり、国民が見ている場所では休憩はもちろんのこと、トイレでさえも被災地住民の気持ちを配慮したこと。休憩時は、東北から離れた駐屯地で休息し隊員には言動を厳しく統制したこと。隊員家族の安否が1週間確認できないまま派遣任務を継続していたこと。家族の安否確認や救助はどこにも要請するところがなく、隊友会（自衛隊OB組織）に依頼したこと。隊員の食事は、避難者より良いものを食べないことを固く守り、1日3食の缶詰食が約1ヶ月間続き司令官自身も激しい口内炎に悩まされたこと等、日本のみならず全世界が注目する中身を挺して任務にあたった気苦労を温厚な眼差しの中に感じた。

司令官との面談を通し、この時ほど自衛官の宣誓「事に望んでは危険を顧みず…」を実践した隊員の誇り、自衛隊発足以来受け継いだ防人としての心構えや服務指導、教育訓練が正しかったか、厳しい中にも家族的な温かさと信頼関係に裏づけられた上司と部下の指揮関係や隊員間の絆を感じたことはなかった。帰り際、総監室に飾られた等身大の額の前で撮った一枚の記念写真が残っている。写真の額には「命煌く防人」の言葉が後光のように燦然と輝いていた。

その後実施した防災講演の最後には「命煌く防災人地域と共に命あり」を防災川柳として紹介したが、その意味するところは地域住民の意識（心）「自助」「共助」の大切さであった。

宮城県庁への訪問では防災危機管理監が防衛大学校同期生の小松宏行君であったので、初動対応の忌憚のない本音の話を聞くことが

できた。職員は、数週間にわたり県庁に詰め込み状態で衣食住に必要な資材や食糧等備蓄が重要であること。長期間の終夜連続勤務で思考力が低下し精神的にも不安定状態に陥ることから、メンタルヘルスを含め職員の健康管理への配慮が大切であること。県庁庁舎の自家発電設備は、長期対応を視野に入れた対策が重要であり、災害対策本部の指揮運営や避難所運営は実践的な訓練が必要であること。また、現場策では遺体処理には胴長等が必需品で緊急調達体制が必要であること。ご遺体の火葬が追いつかず、遺体の安置や異臭対策を含めた検討が必要であること。人命救助・捜索活動では５月の連休明けに沖合５km付近で遺体が発見されたこともあり、海底瓦礫とともに多数の行方不明者が残されているのではないかと推測していたこと。救助用の消防車２台が被災で不明となり、浸水を考慮した緊急車両車の駐車位置を考えておく必要があること。学校での生徒・児童の避難誘導は、家族への引き渡しと同時に実施する必要があり、引き渡した後の家庭に多くの犠牲が出たことで、避難訓練や避難所での役割分担を決めておく必要があることなど、現地でないと感じ得ない貴重な話を聞くことができた。

(2) 災害に強いまちづくり検討会における東北研修

　「災害に強いまちづくり検討会」は、四国地方整備局が主催する、災害対策に先駆的に取組む１３の地方公共団体首長（香南市、美波町、愛南市、大豊町、中土佐町、八幡浜市、安芸市、東かがわ市、黒潮町、坂出市、上島町、久万高原町、阿南市）、四国４大学（徳島、香川、愛媛、高知）学識経験者、４県・四国地方整備局と防災・まちづくり関係者が協働で防災対策をとりまとめる検討会で、平成２３年から各モデル市町で開催している。今回は、平成２７年１月東北被災地の復興現状を研修し、事前復興方針案を作成することを目的に企画された。私自身は４年ぶりの東北研修となったが、宮城県で最も被害の大きかった仙台市、岩沼市、東松島市、多賀城市、石巻市の５市の復興現状について、各自治体の被災対応、問題点・教訓事項を含め研修する機会を得た。

　ここでは今後の防災対応上、参考と思われる事項を紹介するが、被災状況や各種の取り組みは現地での意見聴取に基づくもので、数字を含め必ずしも正確ではないことをあらかじめ断っておきたい。

○　１月２６日（月）：多賀城市役所

　多賀城市は、宮城県のほぼ中央仙台市の北東に位置、仙台港、ＪＸ等石油コンビナート地域を有し中心部を砂押川が流れる。

　人口は約６．２万人、震度は東北部丘陵、南部工業地帯、西部で６強、津波は４．７ｍ、浸水面積は市街地の約３分の１にあたる約６６０ｈａ、津波により長期間潮引かず排水に１０日かかった。死者は２１９人、防災環境は坂出市と共通点あり、コンビナート火災は４日間燃え続いた。瓦礫処理では建設業者の役割が重要となる。

被災した私有車両や個人の家財処理で住民とトラブルになったことから、被災者の意向確認が重要となる。下水道の耐震化率は３割だったが、被害は６割を超え大きな問題となった。津波避難に際し市内に高台がなく避難場所がなかったため、大きな被害に繋がった。

都市型津波の特徴は、津波のエネルギーが不規則に分散競合し、コンテナ等の漂流物が建物を壊す。津波復興拠点整備事業の面積は１５．５ｈａ、事業費は約５４億円、復興拠点整備は半壊以上の５，０００世帯にアンケート調査し住民意向を踏まえたが、回答率は５６％だった。市は被災家屋の解体、嵩上げ工事を補助、応急修理は大規模津波被害に適用されたが、マンションは適用除外だった。被災者相談窓口に寄せられた１，８２０件の修理要望は、市単独事業で実施した。

○　１月２７日（火）：石巻市役所

石巻市は、宮城県の東部旧北上川河口に位置、石巻港、水産卸売市場を有する。人口は約１５万人、震度は６強、津波は１０ｍを超えた。市庁舎は津波による浸水で４日間水没状態となり、大津波警報も解けなかったため職員は全く外に出られなかった。死者・行方不明者は約３，６００人、建物全壊約２万戸、廃棄物３千ｔ、人的被害の９割が津波によるもので、他被災県に比し被害が甚大だった。通信機器の多くが使用不能となり、市域の被災情報は全く把握できず、初動期の応急活動の大きな障害となった。庁舎の自家発電設備でパソコンは使えたが、排水ポンプは全て壊滅され、国土交通省の排水ポンプ車で排水作業を実施した。住民は、自宅籠城状態で出先支所等が拠点機能となったが、雄勝北上総合支所はその機能を

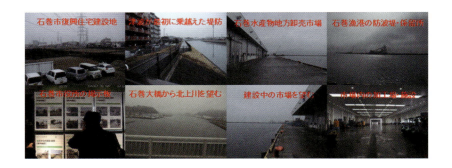

失った。拠点機能の立地条件の再検討が必要である。

　石巻漁港は、東洋一の１，２００ｍの岸壁を有する魚市場が完成し、平成２６年の水揚げ数量で震災前の７６％、金額にして９４％まで回復した。水産加工の約７割、関連業の５割が再開し、養殖産業は７割が回復したが、働き手の殆どが女性で労働力不足が顕著である。通勤や販路が回復せず、風評被害で生産は２割低下している。漁港施設は、県１０・市３２施設が回復しており、契約率は８２％、進捗率は３４％となっている。問題点として、工事費の不調、居住地確保、道路整備の遅れ等がある。海岸堤防は、内閣府が公表した新被害想定Ｌ１クラスの津波を基準としているが、堤防が漁業に影響すること等の反対意見があり未着手状態である。

　復興公営住宅整備事業は、４，５００戸で県内最大で、平成２３年から２９年まで６年を目標としているが、資材や労働力が不足しており、民間業者との復興協定が必要である。入居者の抽選はコミュニティ単位を優先し、事前登録制としている。

○　１月２７日（火）：東松島市役所
　東松島市は、宮城県の中部に位置、仙台市の北東部で石巻市と太

平洋に面し名勝松島を有す。人口は約４．３万、震度は県北７、市域６強、津波は１０ｍ以上、浸水域は全市域の３分の１、市街地の３分の２に及び約３週間潮が引かなかった。死者・行方不明者は１，１３４人、建物全半壊は１万１千戸、瓦礫は１１０万ｔ、１１０年分が発生、畳・魚網は焼却したがその他はリサイクル活用した。本市ほか気仙沼市、石巻市、南三陸町、女川町の３市２町で東北被災の７割を占める。平成１５年に宮城北部地震で激甚指定を受けた経験から、震災対応・復興は東北で最も円滑に実施できたと自負している。３月に仙台市で開催される国連防災会議で発表予定である。段取り八分の言葉どおり応急対応の成否がポイントで復旧復興へと繋がる。被災者との連携や防災・減災の検証改善が重要である。職員は、家族含め２１名が犠牲となったが、約２か月間詰め状態で対応に当たった。移転先は住民間のコミュニティ活動通し被災者自ら決めた。

　災害の初動対応は首長の姿勢が重要であり、他機関等との情報共有や法制度の柔軟な対応が必要となる。特に、激甚災害法、災害救助法、被災者生活再建法の適用やハード対策のみでは守れない市民の意識づけが重要である。復興まちづくりは、「あの日を忘れずともに未来へ～松島一心、一新（一進）」をスローガンに掲げた。復興事業は、集団移転７ケ所、土地区画２ケ所、公営住宅整備６３３棟で、多くの自治体から技術職員の派遣を受けた。課題は、建設用地が不足していたことと、電力、水道の確保調整に苦労した。自治協働のまちづくりは、全て職員がいない市民センターにおいて市民力と共助を重視して取り組んだ。集団移転は、常に市民に全体像を見せることが重要である。産業復興は、農業の復旧率７５％、加速

的に農地の集約化が進展し10法人が営農を開始した。環境未来都市は市民目線でまちづくりを推進していく。この間、野蒜北部地区、東矢本北地区の集団移転事業を現地視察した。

○　1月28日（水）：岩沼市役所

　岩沼市は、宮城県の中央・仙台市南方18㎞に位置、仙台空港を有する交通の要衝。人口は約4.4万人、震度は6弱、地盤沈下は農地の約4分の1の500ha、津波浸水は市域の48％、建物全半壊1,245戸、死者等186人、瓦礫62.7万t、電気・水道は全戸断水、県浄化センターが全壊、避難者は6,700人、避難所26箇所、仮設住宅384戸建設、海岸堤防9.2㎞が壊滅、道路・民地の瓦礫撤去は沿岸被災地で最も早かった。震災復興計画マスタープランは6集落の移転事業、多重防御（防潮堤・貞山堀・市道盛土）、避難路、排水の整備等を柱とする。

　農業再生は、農業農村復興計画において、県内最初の東部地区圃場整備事業を推進中である。健康医療産業集積事業は、自然共生と国際医療産業都市を誘致すること。2つの工業団地で7千人の雇用を創出し人口減少を補填する。健康サイエンスパーク岩沼事業は、

土地利用、健康産業や企業誘致、平成２７年に予定されている仙台空港の民営化と連接する。また、医療のみに限定せず、健康食品含め名称変更など実験工房的位置づけで付加価値を創出する。

　千年希望の丘は、高台なくても築山で３人助かった教訓を受け、壊滅６集落跡地に建設した。Ｌ１防潮堤、「命を守る・伝承・自然共存・皆で」がキーワード、都市公園事業と１５か所のメモリアルパークを整備している。１号丘はモデルの丘として６，０００万の寄付金で建設しボランティアで記念植樹した。築山は瓦礫を再利用している。市は千年希望の丘、嵩上げ道路を、県は河川堤防を、国は延長１０㎞の防潮堤（TP7.2）を計画している。集団移転は集落・コミュニティ単位で、地域リーダー、女性、４０歳以下の若者世代、行政・住民の役割分担が重要である。計画は有識者が作る既製品の計画ではなく、格好悪くても住民が作ったオーダーメードのまちづくりが自慢である。

○　研修所見：

　各自治体の首長、担当職員等の説明を現地で確認することができ、東北復興は着実に進んでいると感じたが、平成２５年度復興予算の執行率が約６割、災害復旧の公共事業の執行率が４割強にとどまっている現状は早急に解決しなければならない根本的な課題である。東北復興のみならず、今後大規模災害に備えるための国土強靭化の直接的な鍵を握る建設業界等の問題点を解決しなければ、真の問題解決とはならない。

　研修を通し、特に、首長等のリーダーシップ、住民の意思と自立、行政担当者の情報収集・分析力や方針を決定して具体的な計画

を立案する企画力、実行力が極めて重要であり、復旧・復興速度を決定づける。復興移転事業は単なる防災対策でなく、中長期的なビジョンに基づくまちづくりの視点が重要である。国家百年の大計は教育にありと言われているとおり、今後の防災対策を推進していく上で大切なことは、行政、地域ともに人材育成であることを認識した研修でもあった。

☆　詳細は、第3章3「建設業界と防災について（平成27年6月）」に記載する。

5　新人職員研修を通した職員意識の改革

　行政に限らず、一般企業等においても新規採用者の研修は、会社等創業の歴史・沿革、経営理念や企業戦略を理解させ、会社や社会に貢献できる人材育成の一環と位置づけた重要な事業ではないだろうか。本市においては、毎年4月と10月に実施し防災・危機管理は座学研修の他一泊2日の野外炊事・宿泊等を通して災害対応の基礎を体験させている。私は座学研修を担当していたが、2時間で防災対応の本質的な事項や職員としての自覚を習得させるためには印象に残るやり方を工夫する必要がある。

　自衛隊初級幹部教育に訓練指導法、実員指揮法という課目があるが、いずれも幹部としての必須課目で幹部候補生選抜試験の実技試験課目でもあった。訓練指導法は、新隊員教育等の教官として、隊員行動に必要なノウハウを如何にわかりすく興味を持って教えるかに焦点を当て教育するものであり、例えば施設基礎作業という課目には「重材料運搬」「連結・結束」（ロープワーク）等の他「ショベルの使い方」、「杭の打ち方」に至るまで施設科（工兵）部隊の一員

として習得すべき作業がある。実員指揮法とは、数名の隊員を指揮して任務達成する指揮の要訣を体得させるものであった。自衛隊現役時に幹部選抜実技試験を担当したことがあったが、その時の課目が訓練指導法「土嚢の設置」であった。また、自衛隊では体験入隊という企業等の初任者研修を受け入れる制度があり、集団生活や行動を通して「基本教練」、「体力測定」、「ロープの結び方」等研修する。実施は若手幹部が担当するが、これらの手法が有効に活用されていた。

　以上の経験を踏まえ、職員研修に臨んだが、いかに行政の欠点や悪風習を改め職員意識を変えていくには何が必要なのか。研修参加者は一般事務職、技術職採用者のほか病院技師、薬剤師、看護師、消防士、学校教諭、保育士等で高校・大学等新卒者であったので、良識ある社会人・公務員としての心構えや倫理観の確立、職務を通して、職員としてのプロ意識・資質を磨くことを重視した。

　＜新人職員研修：事前課題と狙い＞

1　職員の心得・防災意識について 　(1) 本題を答えるポイント、出題者の意図は何かを考える資質 　(2) 今後の議会答弁や市民対応時に必要な問いに答える資質 　(3) 自身これまでの人生・生き方を振り返り相手に訴える資質 2　所属課の防災事務所掌と貴職の役割について 　(1) 地域防災計画に示された分掌事務を読み予習 　(2) 上司や同僚に聞くことにより、組織としての役割を確認 　(3) 職員は全員が防災士でなければならないことの心構えを認識

3 大規模災害に備え平素から準備すべきことについて
　(1) 家庭や自主防災組織等での「自助」「共助」の意味
　(2) 公務員として宣誓した「全体の奉仕者」「公助」の意味
　(3) 地方自治の本旨「憲法や教育の本旨を体すること」の意味
4 その他（目標・取り組みたい事など）
　(1) 住民自治とは「住民意思と責任に基づくことの原則」
　(2) 今後の住民対応で悩み苦労し、壁にぶつかることを示唆
　　　会話を通して現実社会の見方や考え方・信念を確立すること

＜防災・危機管理の概要（27.10.28）＞

危機管理能力の養成（1）

① 危険を危険と認識できる知識・感性 ⇒ 行動
- **自然災害，地域・社会の脆弱性を知る**
  - 国土地形‥四面環海・島国，地質，活断層・プレート，火山帯の存在
  - 気象特性‥四季・季節風，シベリア寒気・太平洋高気圧，梅雨と秋雨
  - 地球環境‥国土開発による都市化，温暖化，インフラ・建物等老朽化
- **物事の考え方・意識・観察力を養い感性を磨く**
  - 地震・台風は自然現象，災害は社会現象，社会環境は絶えず変化
  - 感性とは‥五感＋第六感(本質を見抜く心の働き)，直感・勘ではない
  - 真実は一つでもその評価は常に二面性がある・・「命を守るには」
- **知行合一の実践　陽明学(熊沢蕃山，安岡正篤)**
  - 知識‥知識は忘れるが，見識・胆識は忘れない(経験・体験)
  - 見識‥物事を深く見通し本質をとらえる優れた判断力が必要
  - 胆識‥決断力・実行力を伴う(失敗を恐れない・無謀ではない)

危機管理能力の養成（2）

② 職員・住民に訴えたいこと
- **防災対策で最も重要なことは防災意識 ⇒ 「自助」**
  - 防災と安全保障は同じ ⇒ 危険を危険と感じないのが最大の危機
  - コンプライアンス，インテグリティ，ノブレスオブリージュは重要
- **自主防を核心とした地域コミュニティの輪 ⇒ 「共助」**

＜参考：26年9月定例会市長答弁＞
- ◎ 各種施策を計画する行政側とそれを受けて行動する住民皆様双方の認識がなければ自助・共助・公助に繋がらない。
- ◎ 行政から与えられる安全のみでなく，住民自ら創り出す安全もなければ行動には繋がりません。
- ◎ それぞれの立場・持場で与えられた責任を忠実に実行すること，更に組織で点検し再確認することの重要性を指摘したい。

防災を取り巻く環境の変化

◎ 地球環境の変化
- 地球温暖化・海面上昇，水不足，異常気象，生態系，暮らし
  ⇒ 異常気象による洪水(局地・集中化)，災害・森林火災多発
- 大地震と火山噴火・地震の周期性，近年噴火との連動性
  ⇒災害規模の大規模・広域化，地域・事業継続の重要性

◎ 社会環境の変化
- 人口構造‥人口減少・構成比の歪リスク(少子・高齢化)
- 産業構造‥首都圏集中・地方過疎による被災リスク(脆弱化)
- 社会基盤‥道路・橋・建物・各種インフラ老朽化集中リスク(予算)

◎ 防災意識・行動上の変化
- 3.11以降意識変化と持続不透明性　・理想・現実，本音・建前
- 法改正・計画等の極大と現場レベルの消化不良　・人・物・金等
  ⇒市民総参加による着実な行動積み重ね(役割分担，義務)

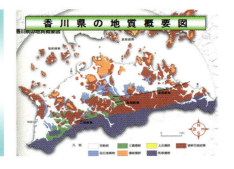

香川県の地質概要図

香川県南海トラフ被害想定(L2)

震　度	6強	液状化	A～B
最大津波水位	2.8m	浸水面積	1,101ha
海面変動開始	13分	最大津波到達	244分
建物全壊	1,500棟	避難者数	21,400人
死者数	290人	負傷者数	1,040人

- 断水：4.3万，下水：1.3万，停電：3.2万，ガス：4,000，道路60箇所
- 鉄道40箇所，通信不通：7,100，廃棄物：11.1，津波：51.7　計62.8万t
- 直接経済被害：340百億円(県)，減災効果：下記のとおり

① 建物耐震化(現76⇒100%)：建物全壊1/11，死者数1/15
② 家具等固定(現13⇒100%)：死傷者数1/4(冬深夜) 経済
③ 津波即避難(現?⇒100%)：死傷者数1/23(冬深夜) [1/2]

海面変動影響開始時間予測図

☆ 地殻変動　☆ 津波の影響　☆ 最大津波
　⇓　　　　　⇓ 1.8m　　　⇓ 2.4m

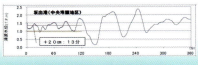

※ 津波水位(T.P)：朔望平均満潮位・東京湾平均海面
朔望平均満潮位：新月・満月から5日以内の平均満潮位

地震発生後の津波時期・規模

◎ 皆さんの自宅には津波が来ますか？
市役所の様相を予測してみましょう！！

① 坂出市役所（標高1.0m）の津波は？
● 東運河（昭和橋：海抜2.7m）を超えるか？
　⇒ 計算上は、満潮時で0.1m＋αの越流します。
● 西運河（船客待合所：海抜1.7m）を超えるか？
　⇒ 計算上は、満潮時で1.1m＋αの越流します。
● 市役所は、満潮時で1.8m浸水、干潮時は浸水＝
② ご自宅の様相をｲﾒｰｼﾞ（地域で異なります。）
※ 数字はあくまで目安、＋αが起こり得る。
　＋αとは・・自然条件、地盤沈下、液状化etc.

坂出市指定避難所の標高

皆さんの自宅、市・自治会等の避難所、
避難場所の標高は何mでしょうか？

市内指定避難所の標高は次の通りです。
①坂出小:1.2m ②坂出工高:0.2m ③旧中央小:0.2m
④ふれあい会館:1.1m ⑤坂出商高:2.1m ⑦坂出高校:2.1m
⑧東部小:1.2m ⑨東部中:0.3m ⑩市体育館:2.9m
⑪市民広場:1.9m ⑫金山小:12.8m ⑬西283小:5.47m
⑭瀬居小:7.8m ⑮瀬居中:2.9m ⑯万象会館:3.8m
⑰与島開センター:4.8m ⑱中央公民館与島:4.8m ⑲岩黒小:14m
⑳櫃石小:3m ○林田小:3.4m ○白峰中:3.7m ○加茂小:8.5m
○府中小:16.8m ○川津小:28.9m ○坂出中:11.1m
○松山小:1.4m ○王越小:13.2m 以上27箇所です。（④削除）

防災関連法案の制定・改正状況（1）

法律等名	年月日	法律等名	年月日
土砂災害防止法の一部改正 津波対策の推進に関する法律	23.5.1 23.6.24	防災・減災に資する国土強靱化基本法案（25.5.28成立施行）	25.12.11
東日本大震災からの復興基本指針 津波防災地域づくりに関する法律	23.7.29 23.12.7	建築物の耐震改修の促進に関する法律の一部改正	25.5.22
津波防災地域づくり指針告示	24.1.16	災害対策基本法の一部改正	25.6.21
災害に強い物流システム	24.3	水防法の改正	25.7.11
津波における防災・津波避難対策 気象業務法の改正	24.3.1 24.3.7	避難行動要支援者の避難行動支援に関する取組指針	25.8
災害対策基本法の改正 石油コンビナートの防災・津波避難対策	24.6.27 24.8.29	避難所における良好な生活環境の確保に向けた取組指針	25.8
災害に強いまちづくり(ガイドライン改訂)	25.3.28	港湾の津波避難計画策定ガイドライン	25.9
島嶼・臨港等・接岸事業における津波避難対策	25.3	活動団を中核とした地域防災力の充実強化に関する法律	25.11
男女共同参画の視点からの防災・復興の取組指針	25.5	東南海・南海地震に係る地震防災推進に関する特別措置法一部改正	25.12.27

防災関連法案の制定・改正状況（2）

法律等名	年月日	法律等名	年月日
内閣府南海トラフ巨大地震想定の考え方 同上：最大クラス地震時・津波災害想定	23.12 24.3.31	津波防災地域づくりに関する法律 最新改正・法第42号	26.5.30
同上：津波高20m・人的被害想定 同上：津波等・経済的被害想定	24.8.29 25.3.18	国土強靱化基本計画策定、同地 域計画策定ガイドライン(ワークショップ)	26.6.3
香川県想定次：高規模・津波波水等 同上2次：人的・物的被害想定(L2)	25.3.31 25.8.20	まち・ひと・しごと創生法 地方版総合戦略策定の手引き	26.11.28 27.1.14
同上3次：被害額・津波CG(L2) 同上4次：1～3次の見直し（L1含む）	25.12.6 26.3.31	土砂災害防止法推進法一部改正 土砂災害防止対策基本指針の変更	27.1.18
防災基本計画の改正	25.12.17	宇多津中部の海浜特別指定区域の同意行（27.2.26）、基本指針	26.11.27 27.5.26
応急仮設住宅の供給に関する基本方針（県災害仮設住宅建設マニュアル）	26.3.19 26.3	今後の地震・津波対策の方向性（香川県被害想定調査委員会提言）	26.5.2
国民保護法に関する基本方針の変更	26.5	県南海トラフ地震・津波対策行動計画	27.3.25
避難勧告等の判断・伝達マニュアル作成ガイドライン(内閣府家中央官公衙国)	26.5.27	県南都蓄害発見意識方針 県庁舎施設検討部会(施設対策)改正	26.11.11 27.4.21
宅地に関する災害防止・回収金連動（宅地造成マニュアル-19.3.2改）	26.6.6	大規模盛土造成地の液状化対策推進、総合的宅地防災対策推進	26.11.4 18.10.20

坂出市の災害への備え・取り組み

坂出市防災会議・地域防災計画修正	●災害対策基本法の改正、県被害想定等を踏まえた修正 ●指定緊急避難場所、指定避難所の指定、BCP策定
ハザードマップの作成	●津波・高潮、洪水に加え、土砂災害・液状化対応(25年度) ●地域・災害特性に応じた住民目線の地区防災マップづくり
災害情報収集・伝達	●移動系防災無線、TV・ラジオ・SNS、携帯メール、サイレン、広報車 ●同報系防災無線、避難所電話確保区、防災情報センス
防災知識の普及啓発	●自主防災ガーバー訓練会、各種市民防災講座、親子防災・親族 ●自主防、企業、学習関係への訓練・講話・64回(25年度)
自主防災組織の結成 育成・活性化事業	●資機材購入・活動助成金、防災士資格取得助成金 ●防災指導員の表彰、防災員加入率向上等
災害時要援護者対策	●災害時要配慮者避難援護計画(全体計画の確定、名簿作成 ●環境整備が必要→地域組織・自治会加入率向上
緊急物資の備蓄事業	●備蓄品入替、テント、簡易トイレ、可搬式発電機、ロールマットほか ●緊急物資備蓄の見直しの考え方
その他の取組み等	●女性消防団員(トップレベル)、職員女性チーム13により発足 ●FMサンぎぬ防災ひとくちメモ一放送定着(毎週12時) ●防災トップヤミナー(月1回)、顔の見える関係作り(公開）・懇談会 ●関係防災機関・自治体・団体・企業等との協定等締結促進

坂出市の動員配備体制

区分	配備基準	配備所属
準備態勢	警報発令令和1年15㎜/h(1～3月は20㎜)又は連続雨量100㎜にする見込み 暴、大潮波注警報等で50㎝/hの冠雨水が予 県内沿岸市町潮位観測所10㎝/10分記録含	本部長、危機管理官長 産業、みなと、建設、都市整備課員及び課長相当職員 ※危機管理防災主任
第1次配備 ・水防本部 ・災害対策本部	中国小災害(非常災害等)の発生 初号時表の上が記されたとき 連携続水による交通障害が発生(レベル1) 各対策部、津波注意報(50㎝)発令	本部長(市長)、副本部長(副市長) 本部員(部長員) 担当(副部長)及び所属の相当職員 ※危機管理安全
第2次配備 ・水防本部 ・災害対策本部	床下浸水等状況(レベル1)の可能性がある、水防本部長で定められたとき 各対策本部、最大級の被害レベル1 災害警報	本部長(市長)、副本部長(副市長) 本部員(部長員) 活動部員及び建設経済課員他 ※危機管理防災安全職員全員
第3次配備 ・災害対策本部	床下浸水及び発生(レベル3)以上の可能性がある、水防本部長で定められたとき ※床下浸水及び土砂災害発生(レベル4) ※津波警報等により発生(レベル3) 震源登録時：最大級の震度4以上を計測 各部出向し、大津波警報3㎜発令	本部長(市長)、副本部長(副市長) 本部員(部長員) ※職員全員 事務局長、危機管理監 事務局次長・危機管理監

国民保護措置の概要(1)

● 成立の経緯等
・平成13年:米国同時多発テロ、武装不審船事案は国民に大きな不安
新たな危険に備える重要性 ⇒ 国家緊急事態に対処しうる態勢整備
・平成15年6月:武力攻撃事態対処関連法を国会提出、成立、施行
国民の保護のための法制は、1年以内を目標に整備(附帯決議)
・平成16年6月14日に国民保護法など有事法制関連法が国会で可決

● 国民保護法とは
武力攻撃から国民の生命、身体及び財産を保護し、武力攻撃が国民
生活及び国民経済に与える影響を最小とするため、国、都道府県及び
市町村の役割分担、指定公共機関の役割、国民の保護のための措置
の実施体制等について定めたもの。

● 関係法令等
・武力攻撃事態等における我が国の平和と独立並びに国及び国民の
安全の確保に関する法律(武力攻撃事態対処法)
・武力攻撃事態等における国民の保護のための措置に関する法律
・安否省令 ・基本指針 ・国民の保護に関する計画

国民保護措置の概要(2)

● 国民保護措置の三つの柱
(1) 住民の避難
・警報の伝達 ・避難の実施(指示・誘導)
(2) 避難住民の救援
・収容施設の供与 ・食糧等の提供
・医療等の提供 (救援協力) ほか
(3) 武力攻撃災害への対処
・消火、救助 ・警戒区域の設定
・退避の指示 (緊急通報) ほか

● 国、地方公共団体、指定公共機関等の相互連携
放送事業者、日本赤十字社、運送事業者、電力・ガス等

平和安全法制について

1 平和安全法制とは
関連2法案閣議決定:5/14～衆議院:7/16～参議院:9/17-19可決成立
① 平和安全法制整備法:「我が国及び国際社会の平和及び安全の確保
に資するための自衛隊等の一部を改正する法律」
自衛隊の任務に伴う存立危機事態に対処に関する法整備
・在外邦人等の保護措置、米軍等部隊の武器保護のための武器使用
・米軍に対する物品役務の提供、「重要影響事態」への対処等
② 国際平和支援法:「国際平和共同対処事態に際して我が国が実施する
諸外国の軍隊等に対する協力支援活動等に関する法律」
国際平和共同対処事態における協力支援活動等に関する制度

2 改正される法律
① 自衛隊法 ② 国連PKO協力法 ③ 周辺事態安全確保法
④ 船舶検査活動法 ⑤ 事態対処法 ⑥ 米軍等行動関連措置法
⑦ 特定公共施設利用法 ⑧ 海上輸送規制法 ⑨ 捕虜取扱い法
⑩ 国家安全保障会議設置法

災害対応上の留意事項

● 地震・台風は自然現象、災害は社会現象
⇒災害は同じ場所で繰り返し起きるが、地域・時期・
時間、対象が違えば対応は異なる。(様々な顔)
⇒災害対策に絶対はなく、過去と同じ対応もない
この認識を誤ると、対策を誤り人は救えない。

● 行政の陥りやすい欠点は、「前例主義」
⇒経験や過去の成果を積み上げることは重要
両者のバランスが必要、パニック神話とオオカミ少年効果
⇒強い信念とエネルギーが必要・・自ら考える習性重要
平素の業務を通して思考・分析力を訓練

防災対応の心がまえ

1 防災対応は、人・絆・信頼づくりである
● 相手の立場を考える視点 ・・ お接待の精神
● 対応行動の答え ・・ 1+1=2 とは限らない
義務教育と実践教育(社会人)との違い

2 真実は一つでも、その評価は二面性がある
● 他人の発言も受け取り方は様々 ・・ 伝言ゲーム
● 行動の最終判断は自分自身 ・・ 他人任せ?

3 「自助」「共助」のあり方
● 意識改革 ・・ 発災数時間が生死の分岐点
● 私の使命は ・・ 心の防災基盤を確立すること

6　一般職員研修を通した職員意識の改革

　一般職員に対しては、災害時に必要となる定期的な参集訓練、炊き出し訓練、移動系防災行政無線による通信訓練、土嚢の作成・設置訓練等に加え、大学講師を招いた研修を実施した。研修は、京都大学防災研究所教授矢守克也氏による「クロスロード」、慶應義塾大学教授吉川肇子氏による「リスク・コミュニケーション」で防災心理を踏まえた取り組みとして大変参考になった。

　これらの研修は、自主防災組織等のみでなく学校、企業等からも講演依頼が多く、職員や住民意識の啓発向上手段として有効に活用できるものと思われる。クロスロードとは「分かれ道」から転じて重要な選択や判断を意味する正解のない防災ゲームで、トランプ大のカードを使用しゲーム感覚で災害への備えや災害発生後に起き得る様々な問題等を考える教育教材として、矢守教授が開発したものである。研修では、数人のグループ毎に防災対応に関わる数個の設問を二者択一の設問形式で進行していくが、職員間で意見交換することにより「あちらを立てればこちらが立たず」という多くのジレンマを体感するだけでなく、自分が何故そう判断したのか、異なる意見や価値観への気づき、合意形成の必要性等を学ぶことができる。矢守教授の著書は、クロスロードの他「巨大災害のリスク・コミュニケーション」、「防災・減災の人間科学」、「ぼうさいダック」等、本市の訓練にも多く取り入れている。

　これまで私が訴えてきた指摘についても防災心理が影響するところが多くあり、今後の防災対応を考える上で防災に携わる皆さんには是非読んでほしい図書の一つである。ぼうさいダックは、幼稚園、保育所等において楽しく遊び感覚で覚える幼（園）児教育には

有効な教材である。

　ここでは、クロスロード手法から一歩突っ込んで、自衛隊で教える「戦術の思考過程（状況判断・決心）」ついて紹介したい。クロスロードが二者択一の選択であるのに対し、この思考過程は数個の行動方針を列挙して比較分析し、最良の行動方針を決定するものである。比較分析にあたってはシミュレーション（兵棋演習）を実施するが、この過程で実行上の対策まで検討できる点に特徴がある。まさに、実践行動が前提の軍事実学であり、次の分析例は香川地域継続検討協議会第4回勉強会（第2章で紹介）での資料である。

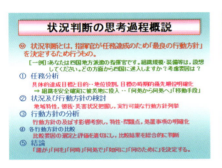

　次に、「リスク・コミュニケーション」の講師を依頼した吉川教授の所属する慶應義塾大学商学部は、創設者福澤諭吉の意志を受け継いだ「実学の精神」を目標としている。この精神は、ホームページによると「世の中ですぐ役立つ表面的な知識ではなく、これまでの常識にとらわれず、合理的実証精神によって物事の道理を究明し、その知見や科学的思考を現実の社会で活用することを意味します。産業社会が抱える問題を自ら発見し、解決案を提示し、そして高い倫理観と責任感を兼ね備え、新しい社会を創造できるリーダー

を育てること。」とあり、私が考える人事評価の指標でもある「問題解決能力」（3章私のコラム集で紹介）と重なるものである。

　研修時の講座においても、その精神が随所に表れており、人間の行動上働く集団心理や習慣、緊急時の情報の捉え方など、防災対応上留意すべきいくつかの指摘があり、参考となったので紹介するものである。「緊急時人はいつもやっていることをする。山登りと逆戻り行動。リーダーと同調行動」、「専門家だけではリスクを見落とし、誤った意思決定をする」、「新しい言葉が人々の考えを変える」、「リーダーは指示するより吸着誘導が有効」、「パニック神話（滅多にない）と起きる4条件」「人の災害に対する見方は非現実的楽観論」、「理由をつけた頼み方が人を動かす」、「人は情報の意味が判るまで動かない、理由付けが必要」、「オオカミ少年効果、動物実験では生起現象を学習する（誤報が重なると無意識に行動しなくなる）、重大な情報程誤報効果が大きい」など、防災心理そのものでこれらのことを承知した上で対策を講じることが重要である。

　また、リスク・コミュニケーションとは、主に災害や環境問題、原子力災害等、社会を取り巻くリスクに関する正確な情報を関係者間で情報共有して意思の疎通を図る合意形成の手段であり、最近では自主防災組織等の防災訓練でその手法が取り入れられるようになった。読者の皆さんは「災害時人は何故逃げないのか」の問いにどう答えるだろうか？答えを見つけることより本項で紹介した二つの訓練手法を自分のものにし、実学の精神を自身の信念・生き方とする方が大切であることに気づいてほしいものである。

第2章　市町村の災害対応への取り組みについて

1　地域防災計画の修正

　はじめに、計画の法的根拠等について、防災基本計画は、災害対策基本法第34条の規定に基づき中央防災会議が作成し、地域防災計画は災害対策基本法第40・42条の規定に基づき各地方自治体（都道府県や市町村）の長がそれぞれの防災会議に諮り、防災のために処理すべき業務などを具体的に定めた計画である。計画の修正についてはこれまでにも過去の災害を教訓としてその都度見直されてきたが、防災基本計画は昭和34年の伊勢湾台風を契機に災害対策基本法の制定と同時に昭和36年に作成され、昭和46年に地震対策、石油コンビナート対策等が一部修正され、平成7年の阪神・淡路大震災の教訓を踏まえ全面修正された。

　平成11年には原子力災害対策編が全面修正、平成12年の中央省庁再編、平成19年の防衛省昇格にあわせた修正を経て、平成23年に東日本大震災を教訓に津波災害対策編が追加された。

　その後、中央防災会議防災対策推進検討会議の報告等を受け、大規模広域災害への対策が強化され、平成26年には豪雪の教訓から

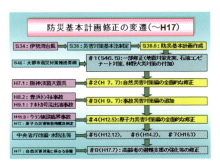
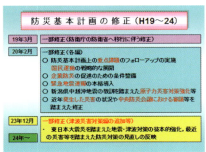

放置車両及び立ち往生車両対策が強化され、平成27年には広島土砂災害を踏まえた対策等、近年災害の教訓が逐次強化されている。これを受け、香川県では県内防災関係各機関、大学機関等と連携し検討した各種の施策を盛り込み、毎年地域防災計画を修正している。市町村では国・県等の修正を踏まえ、さらに独自で検討処置した事項を盛り込み見直すことになるので、その事務は膨大な作業となる。

　本市では、国・県の修正内容、関連計画等を確認して計画修正の素案を作成し、まず庁内で検討調整し審議したのち部外委員を含めた防災会議を開催して審議する。この際、防災対策に関する重要案件は、防災会議開催前に災害対策本部員をメンバーとする防災対策庁内委員会・同幹事会を開催し庁内で検討調整するので、関係者への情報共有や根拠法令、経緯、修正理由等を説明することの方が大変な業務となる。最近では南海トラフ地震の発生確率の高まりに加え、風水害、土砂災害、突風、豪雪災害、火山噴火などが頻発しており、インフラの老朽化や少子高齢化の進展等、社会基盤の脆弱性に影響するところが大きく、地域の特性に応じた実効性ある計画の作成は、市町村にとって共通の喫緊課題となっている。

計画の実行については、地域防災計画を具体化した細部計画類や職員の行動基準となるマニュアルや業務予定がなければ動けない。坂出市は、避難行動要支援者避難支援計画や業務継続計画（ＢＣＰ）は作成したが、他に具体化すべき計画は山積している。
　計画は作成（修正）することが目的ではなく、行動するためのものというごく当たり前のことを常に意識して行動環境を整えることが重要である。

2　ハザードマップの作成

　ハザードマップは、自然災害による被害を予測し、その被害範囲を地図化したものと定義されている。従って、前提となる災害を明確にして、住民の避難行動に必要な避難場所、避難経路、危険箇所等を含め、その後の行動に必要な情報は最低限必要であり、防災関係機関や災害時の拠点となる施設の位置・連絡先、家族・自主防災組織等の単位で行動するため必要な情報・その入手先、最小限の災害に関する知識などがわかりやすく表記されなければならない。
　留意事項の第一は、防災対策に１００％の安全はないとの認識が行動を促すということである。ハザードマップは、安全マップではなく、危険認識マップであることから、ワークショップ等により住民意見を反映した独自マップが有効であることがポイントである。近年、まち歩き防災マップづくりが奨励されているのはその証左である。また、防災訓練で携行して使用できるよう両面印刷し、八つ折りのマップとした。津波ハザードマップの啓発面は、当該災害に関する知識や避難に必要な情報、安否確認・連絡方法のみでなく、我が家の避難計画や防災メモ、災害発生後の具体的行動が書き込め

るよう工夫した。地図面には、従来通り被害想定に基づく浸水区域・津波高（津波水位を色区分表示）、避難に必要な避難施設他の防災拠点施設等を表記した。

　南海トラフ巨大地震発生時の津波避難の考え方は、浸水区域外に避難することを基本とし、浸水区域内の指定避難所は津波警報が解除されるまでは開設しない。津波避難ビルは一時的に避難する緊急避難施設であり、指定緊急避難場所としては指定していないのが特徴である。その理由は、①本市への津波到達までには2時間以上の時間的余裕があること。②津波火災は、全体火災の約4割と言われており、一旦火災が発生すると市街地一帯は孤立する恐れがあること。③利用可能な公共施設が少なく、避難ビルに人が殺到することにより、2次災害の危険性が高いことが上げられる。また、被災と停電でエレベータや階段も使用できるかは不明であることも懸念材料であろう。以上のことから、当初から安全な高台に避難する方がむしろ早くて安全である。避難が遅れ津波の危険が迫っているときは近くの建物に避難すればよいが、次の避難先と避難経路を考えておく必要がある。ただし、高齢者を含む要配慮者の避難対策が必要であることは大前提である。

津波ハザードマップの作成事業
- ◎ 概要：香川県が平成25年3月31日に公表した南海トラフ巨大地震による津波浸水想定をもとに、津波ハザードマップを作成（全戸配布）
- ◎ 調査対象位置：坂出市沿岸部全域
- ◎ 業務フロー：
  - ・計画準備 ⇒ 資料収集・整理 ⇒ 津波浸水想定区域内及び現況把握（人的資産配置・地形条件把握）⇒ 避難基本情報・付加情報の検討（基本情報検討・避難方向検討・マッピング）⇒ 原案 ⇒ 報告 ⇒ 印刷・配布
  - ・媒体：関係法規、津波避難計画策定指針（総務省消防庁）、仕様書
  - ・業者ヒヤリング、打ち合わせ数回：本市の避難の考え方を反映
- ◎ 特徴・留意事項：
  - ・津波浸水区域外への避難を基本とし、避難方向を明記　浸水区域内の施設は指定避難所ビルを除く避難所として記載せず
  - ・指定緊急避難場所：指定避難所16箇所を含む9箇所明示に指定
  - ・地図の底：島嶼部・市中部を両面に、島嶼側に俯瞰画を併記（八つ折り）
  - ・地震発生後の住民の行動をフロー化：「自助」「共助の考え方反映　地域・住民個々の避難場所については、一時避難場所を含め今後具体化

津波避難ビルの指定について
- ◎ 津波避難に関する基本的考え方
  - 津波浸水想定区域外に避難することを基本 ⇒ 指定せず
  - ・本市は、津波到達まで2時間以上の時間的余裕がある
  - ・津波火災は火災全体の4割を占め、危険性が数多く指摘　一回の浸水で潮が引かず、満潮時は逃場のない袋小路　坂出の瓦版発生量・は多く、火災発生要因は多く存在
  - ・利用可能な公共施設が少なく、避難者殺到で2次災害発生　Erは使用不能、階段は被災状態での避難路は可能か？
  - ・ビルは、あくまで一時避難場所、2次避難念頭の対策必要
  - ▼　▼　▼
- ◎ 時間的余裕を考慮すれば、健常者の避難は可能　要配慮者の避難は、自主防中心の共助体制確立
- ※ 津波ハザードマップに基づく避難計画策定WS等実施（26'）

<啓発面>　　　　　　　　<地図面>

　次に、土砂災害ハザードマップは、作成に至る過程で香川県が実施した土砂災害危険箇所調査に基づき、土砂災害警戒区域の危険認識が共有できる自治会単位を基本として１５地区ごとに住民説明会を実施し、２回の住民ワークショップを経て完成に至った。地図面には過去の災害で被害にあった箇所の他、住民が危険を感じる地域や注意すべき危険箇所を写真や言葉で表記した。

　住民ワークショップを通して感じたことは、過去の災害経験や日常生活の場として五感で感じた意見が多く、地域を最もよく知る住民感性は尊重しなければならない。住民への説明は、まず相手の意見を受け止めた上で、わかりやすい言葉で筋道を立て説明すると理解してくれることが多かった。労を惜しまない姿勢や相手を立てる思いやりの精神は大切であるが、「情けは人のためにならず」の格言どおり、感情に流され大衆迎合に陥ってはならないということは行政の陥りやすい欠点でもあり、重要である。

　留意事項の第二は、対策を考えることと実行することは別物であるとの認識が重要である。イメージトレーニングの訓練方法は有効な手段であるが、頭でなく体で覚えることがより重要である。

＜啓発面＞　　　　　＜地図面＞

　繰り返し反覆訓練することで基本を身に着けることにより応用が可能となる。訓練していないことは本番では無理と言われるが、これは素人の格言であり、プロスポーツの世界やオリンピック等が筋書きのないドラマと言われる所以は、究極状態における想定外の未知との遭遇に果敢に挑戦し打ち勝つからであり、心技体が一致するプロの技を極めたもののみが演出する。
☆　詳細は、第３章４「プロの技（平成 15 年 8 月）」に記載する。

　留意事項の最後は、ハザードマップで想定される危険区域は、前提条件があるとの認識が必要である。この認識を誤ると何でもありマップとなり行動にはつながらない。人は何故逃げないのかの本質的な答えの一つと言ってもよい。想定外をなくすことは流行語になるほど言われてきたが、人は自身の対応能力のキャパスティを超える災害に直面した時、冷静な判断が働かなくなり諦めてしまう傾向がある。南海トラフ地震の新想定において、最大津波高さ約３４ｍが発表された高知県黒潮町は住民が避難を諦めることを最も心配し

たというが、今では住民意識を変革し津波による死者を０にするという町の方針に沿って町民一体となった先進的な取り組みがなされていることは特筆すべきことである。

　想定外をなくすためには、過去の災害や科学的知見を結集して考えられる事象を共有・理解し、実効性ある対策を打ち立て行動できるまで反覆訓練することにより行動のイメージが出来上がっていく。何でもありと言われると、具体的な行動に繋がらず諦めてしまう心理が働くのである。想定外をなくすことと何でもありは異なるという認識に気づくことが必要である。実行の可能性や現実を見据え、経験や兆候を見逃さず行動に繋げることが重要である。

3　災害時要援護者支援計画の作成

　災害時要援護者対策に関する国の取り組みは、平成１６年７月の集中豪雨や一連の台風等による風水害で犠牲者の半数以上が高齢者であったことを受け、国は単独では避難や避難生活が困難な人を対象に避難支援ガイドラインを作成し、避難支援や情報伝達体制を含む支援計画の作成を普及啓発していたにもかかわらず、東日本大震災においては死者数の約６割が６５歳以上の高齢者、障害者の死亡率は被災住民死亡率の約２倍に上ることが判明した。さらに、救助に当たった消防職員や消防団員の多くが犠牲となり、支援者の安全確保も重要な課題となった。

　平成２５年６月の災害対策基本法の改正においては、高齢者、障害者、幼児などの防災施策において、特に配慮を要する者のうち、避難等に特に支援を要する避難行動要支援者の名簿を作成することを義務付けた。この改正を受け、同年８月には「避難行動要支援者

の避難行動支援に関する取組指針」及び「避難所における良好な生活環境の確保に向けた取組指針」が策定された。坂出市においては、平成２４年２月に災害時要援護者避難支援計画（全体計画）を作成し、災害対策基本法の改正や避難行動要支援者の避難行動支援に関する取組指針ほかを受けて、平成２６年４月に同計画を改定した。計画作成の過程において、多くの自治体が抱える避難行動要支援者の情報開示と個人情報保護の問題、実効性ある計画作成や避難支援の段階でクリアしなければならない多くの課題等、計画完成までこれほど難産だった計画も少ないだろう。坂出市の個別計画の作成状況は、平成２８年度末で全対象者の２．７％に留まっているが、香川県中讃圏域の３市５町で個別計画が作成されていたのは当時坂出市のみだったのが現状であり、本対策が本人や家族の意思はもちろんのこと、支援する地域や多くの関係者の強固な意思と実行力がなければ実現しないことが伺える。

　今後、当分の間続くであろう超高齢化社会の現実を直視すれば、早急に実施しなければならない喫緊の課題である。健常者は支援がなくても自力で命を守れるが、避難行動要支援者は支援が絶対条件であり、支援がなければ命は助からないということである。

　全体計画の作成は、危機監理室発足後初めての仕事だった。問題解決の第一歩は、過去の経緯や議事録を確認して現状を把握し、何が真の問題はなのかを見極めることにあったが、問題は複雑に絡んでおり表面だけでは解決できなかった。避難行動要支援者の実態把握は、個人情報保護上の大きな壁があり、対象者を特定し避難支援に結びつけるには健康福祉部や社会福祉協議会、自治会や自主防災組織等地域の協力が不可欠だった。当時は、香川県内市町も同様の

問題を抱え検討することさえためらう風潮があったが、坂出市が香川県中讃保健福祉事務所が検討する災害時要援護者対策のモデル地区となることで、種々の問題把握も可能となると考え、王越町と新富町自主防災会に依頼し、避難体制の検討、訓練等を通し検証した。計画は、他市町を参考に、坂出市の現状や実態を反映し現実に即した支援が可能な記述体系に心がけた。個別計画は、自主防災組織等が主体となり、地区住民に対し広報啓発を行い実施地区となることについて合意形成に努め、市に届出を行う。計画は自主防災組織等が本人からの申し出により、避難支援に必要な事項を記載した登録申請書に基づき民生委員等の協力を得て、支援者2名以上指定することと定めている。

　市の役割は自主防災組織等への支援協力と計画等の管理であり、主体は地域にある。個別計画の作成が進まない理由として、個人情報保護の問題より、支援者2名を指定することを明記していることにある。坂出市の避難行動要支援者は約2,000名、全員を支援するには計算上4,000名が必要となる。他自治体等では民生委員等が多くの支援者を担当しているため、現実に支援はできない状態になっていることが多い。計画作成のハードルが高くなっても確

実に避難支援できる体制を整備することの方が重要であることに留意すべきである。

私は、自衛隊勤務時代のある時期、人間関係を含め様々な問題に直面して何度も折れそうになり、苦しみ悩んだ時期があった。

その後、管理職に就いた時に若い隊員に少しでも役立てればとの思いで投稿したコラムが「問題解決能力」だった。今振り返って、本記事を読み直すと、物事の見方やこの時感じたことをそのまま実行したからこそ、難産の計画が完成したものと確信している。

「問題解決能力」こそ人が成長し大人になることである。

☆　詳細は、第３章５「問題解決能力（平成 13 年 10 月）」に記載する。

4　香川地域継続検討協議会における業務継続計画（ＢＣＰ）策定

業務継続計画（ＢＣＰ）については、東日本大震災を踏まえた法制上の課題として、平成２５年６月の災害対策基本法の一部改正で事業者の責務として新たに規定された。

香川県においては、南海トラフ巨大地震を見据え大規模かつ広域的な災害が発生した場合、国の現地対策本部が設置され、四国の防災拠点としての役割が期待されていることから、四国や香川の地域継続計画（ＤＣＰ）の策定が必要であるとの認識に立ち、香川大学危機管理研究センターに事務局を置く香川地域継続検討協議会が平成２４年５月に発足された。構成員は、国の出先機関である総務省四国総合通信局、厚生労働省四国厚生支局、経済産業省四国経済産業局、中国四国保安監督部四国支部、国土交通省四国地方整備局、四国運輸局、国土地理院四国地方測量部、高松地方気象台、香川県

及び１７市町、㈳香川経済同友会、高松商工会議所、四国電力㈱、西日本電信電話㈱四国事業本部、㈱ＮＴＴドコモ四国支社、四国ガス㈱高松支店、西日本高速道路㈱、㈳香川県建設業協会で、協議会発足以降協議会・勉強会を開催し、四国の地震防災基本戦略の取り組む各種対応や市町間連携等について検討を重ねている。

　平成２６年１１月には香川県知事、１７市町の市長・町長で構成される首長会議が設置された。首長会議では市町ＢＣＰの策定に関し、平成２９年度までに全市町が計画作成することが申し合わされ、現在香川県と香川大学の連携協力のもと、技術的助言や支援を行うことを目的とした香川県市町ＢＣＰ東西ブロック会議において、計画の策定に向けた取り組みを行っている。平成２７年度は、併せて「香川版市町ＢＣＰ作成指針」が作成された。これらの取り組みは、香川県及び香川大学危機管理研究センター関連ホームページに掲載されているが、平成２７年度の「ジャパン・レジリエンス・アワード（強靱化大賞）２０１６」において、最優秀賞を受賞したことが紹介されている。（香川県丸亀市川西地区自主防災会が同時受賞）ここでは、私が関わった香川地域継続検討協議会第４回勉強会（講師）及び香川県市町ＢＣＰ策定西部ブロック会議（副会長）について紹介したい。

＜香川地域継続検討協議会第4回勉強会（24.11.30）＞

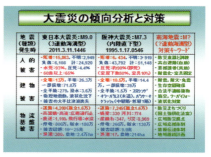

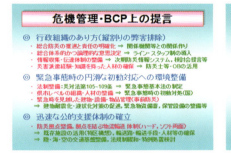

　坂出市は3年間で業務継続計画（BCP）を作成した実績から、NHK高松放送局が「防災の日特集」で放送した特別番組の取材に危機監理室長が対応するとともに、香川県市町BCP西部ブロック会議においてBCP作成ノウハウを提供した。以下は、その時の取材対応で事前に準備した資料である。

＜市町BCP策定の現状と問題点（27.8.27）＞
　BCPとは、Business Continuity Planの略で、企業等が自然災害に限らず、緊急事態に遭遇した場合に事業資産の損害を最小限に

留めて事業を継続し、早期復旧するための方法や手段をあらかじめ計画しておくものである。本市のＢＣＰは南海トラフ地震時、人、物、情報、ライフライン等制約下において、優先的に取り組むべき業務を特定し、早期に業務継続に必要な措置を講ずるための計画で、「本文」、別冊「非常時優先業務」、「参考資料」から構成されている。計画策定経緯は次のとおり。

○２４年度：計画の基本的考え方、業務予定、地域防災計画位置付
○２５年度：各四半期１回の課長補佐級以上の職員訓練として検討
○２６年度：同上修正、各課災害対応マニュアルを作成（ＷＳ）、
　　　　　総合図上訓練で計画、災害対応マニュアルを検証

　坂出市業務継続計画（ＢＣＰ）［地震編］は、次の３つの特徴がある。

① 　国土強靱化計画を本計画に位置付け、事前防災の考え方を盛り込んでいる。
② 　香川地域継続検討協議会との連携等、顔の見える関係について盛り込んでいる。
③ 　職員総参加による災害対応マニュアルの作成等、現実に即した計画となっている。

Ｑ１：ＢＣＰを作成する必要性は？
Ａ：東日本大震災では多くの市町村にＢＣＰがなく、対策が後手にまわった。地域防災計画は人・物・情報等が１００％使えることが前提の計画であり、絵に描いた餅でしかなかった。南海トラフ巨大地震に際しては、資源制約下を前提としたＢＣＰが必要である。ＢＣＰは、絵に描いた餅を食られる餅にする計画でもある。
Ｑ２：ＢＣＰを作成する上で大変だったことは何か？

A：計画作成には全課を参画させることに意味がある。職員意識を啓発し、皆で作成する環境を整えることに苦心した。職員は多忙な業務を抱えており、先行的に予定を示すこと。異動毎に０から出発とならないよう継続性を考慮、根気強い着実な積み上げが必要である。

Ｑ３：その大変さをどう乗り越えたか？

A：計画は３年かけて作成したが、私自身が勉強し基本的考え方・骨格を練り業務予定を作った。職員訓練に際しては、知識啓発を兼ねて訓練効果を上げるため、事前課題で検討し発表討議に繋げる方式をとった。職員自らが自課の初動対応マニュアルを作成することで勉強し充実感も覚えた。また、市長の大綱決裁、中間報告、訓練視察等を組んだことにより、計画策定の重要性を認識した。

Ｑ４：どのようにすれば作成はスムーズに進むか？

A：仕事は、組織を通して実施するものである。全職員が計画作成の重要性や意義・目的を理解して上下左右の風通しを良くし、議論できる環境や信頼関係を醸成することが大切である。職員間の情報共有や役割分担が大切なのは言うまでもない。

Ｑ５：今後ＢＣＰをどのように防災・減災対策に生かすか？

A：計画は作って終わりではなく、実行しなければ何の役にも立たない。市役所内でも認識の格差があり、今後も職員参加型の訓練を継続し、マニュアルを深化・拡充して実行に繋げる態勢をつくること。また、企業等との連携や現在香川大学で実施している地域継続に繋げていくことが必要だ。現在、国が推進中の地方創生総合戦略の全てに防災の視点を取り入れ、国土強靱化計画と連携

していくことが重要である。大規模災害に対するハード対策には予算措置の担保が必要だ。

Q6：リーダーシップを養成するには何が大切か？

A：リーダーシップは知識で学べるものではない。統率とは、組織内の個人を通し目標達成に導く術であり、目標達成過程において人を動かす動機づけが重要である。指揮の要訣は、指揮下部隊を確実に掌握し、明確な意図のもとに適時適切な命令を与えてその行動を律し、任務達成に邁進させることにある。（陸自教範）

☆　詳細は、第3章6「指揮官の仕事（平成15年1月）」に記載する。

＜市町ＢＣＰ策定西部ブロック会議抜粋（27.9.30）＞

ＢＣＰ作成経緯

- 24年度の取り組み　‥　事前研究、計画の位置づけ
  - 香川地域継続計画協議会・勉強会等を通した研究（自学研鑽）
  - 資料収集検討～基本的考え方、業務予定～地域防災計画で位置付け
- 25年度の取り組み　‥　計画の概成
  - 職員訓練：事前課題～発表討議～意見の集約～セリング（最終調整）
  - 市内・自宅の被害、発災～登庁までの行動・問題点（各課検討）
  - 各課優先業務、各課業務予定（代替施設）、権限の代行
  - 新庁舎建設までに実施すべき防災・減災対策
- 26年度の取り組み　‥　災害対応マニュアル作成～計画完成
  - 職員訓練：マニュアル作成WS～各課意見交換～総合図上訓練による検証
  - 災害対応マニュアル作成の考え方、「緊急物資備蓄の考え方」他
  - 災害対策本部設置運営訓練（初動対応）～北九州市立大学研究チーム他

坂出市ＢＣＰの概要（1）

- 計画の構成　‥　参考自治体（4都府県・4市）
  - 坂出市業務継続計画（地震編）　別冊「坂出市非常時優先業務」
  - 参考資料　‥　各課検討事項、災害対応マニュアル、本部業務予定等
- ＢＣＰ策定の基本的考え方
  - 計画策定の意義・目標、基本方針　●前提地震・被害想定
  - 非常時優先業務　‥　各部各課）毎抽出
  - A：発災直ちに業務に着手しないと市民の生命・生活、又は市機能維持に重大な影響を及ぼすため、優先的に対策を講ずべき業務
  - B：遅くとも発災3日以内に着手しないと市民の生命・生活、又は市機能維持に相当な影響を及ぼすため、早期に対策を講ずべき業務
  - C：遅くとも発災後1週間以内に業務に着手しないと市民の生命・生活、又は市機能維持に影響を及ぼすため、対策を講ずべき業務
  - D：発災後1週間以上は着手せず、中断が市民の生命・生活、又は市機能維持に直ちに影響を及ぼさないと見込まれる業務

優先業務開始目標時間について

坂出市は発災後の下記七段階を設定
① 1h：登庁～状況の把握～勤務環境の確立段階
　　　　職員登庁、本部開設準備、庁舎状況把握
② 3h：本部開設～体制把握・情報収集・伝達段階
　　　　第1回本部会議開催、避難指示等発令、登庁継続
③ 12h：応急対策着手段階（人命救助）
　　　　現地確認、職員派遣、避難所開設運営、情報収集伝達
④ 1日：応急対策着手段階（人命救助、ライフライン復旧）
　　　　同上、石油コンビナート現地本部開設、国県との連携体制確立
⑤ 3日：本格的応急対策～応援・受援対策の確立段階
　　　　人命救助のリミット（72h）、国等防災関係機関等連携
⑥ 7日：復旧復興体制の確立段階
　　　　各部計画に基づく応急復旧復興・継続事業
⑦ 2W：本格的復旧復興着手段階

坂出市ＢＣＰの概要（2）

- 事業継続のための課題と対策
  - 業務執行体制づくり‥災害対策本部、医療救護本部、各部各課（班）
  - 職員の参集体制　　参集可能人員　　権限の代行
  - 職員参集の把握及び安否確認、職員家族の安否確認
- 業務執行環境　‥　各部各課
  - 拠点施設の耐震化、安全対策・庁舎・施設の非常時対応
  - 災害情報・通信手段　　情報システムの維持
  - 予備資機材・用品等　　現金支払、職員の非常用食糧
- 主な災害発災業務の課題と対策
- 今後の取り組み（当面・中長期的課題と対策）
  - 協定による執行体制（BCM）の必要性　　推進体制
  - 計画の推進に向けて
  - 事業継続マネジメント（BCM）の必要性　　推進体制
  - 計画の策定（PLAN）　　教育・訓練の実施（DO）
  - 点検・検証（CHECK）　　計画の見直し（ACTION）
- 中長期的課題と対策　‥　職員の中長期的人材養成と運用（補職）

5　大規模災害に対する備えの現状と課題

　平成25年2月サンポートホール高松において、第5回香川大学危機管理シンポジウムが開催された。シンポジウムのテーマは、平成24年8月に内閣府中央防災会議から公表された南海トラフ地震による被害想定を受けて「大規模災害に対する備えの現状と課題」とされ、1部は香川大学危機管理研究センターの取り組み・地域活動報告、2部は「南海トラフ巨大地震モデル検討会」委員で被害想定にも携わった（独）海洋研究開発機構地震・津波防災研究プロジェクトリーダーの金田義行氏（香川大学客員教授）による「南海トラフ巨大地震研究の最前線」と題した基調講演、3部は「災害を正しく知って正しく備える」をテーマとしたパネルディスカッションが行われた。

　私はパネリストとして意見交換に参加した機会を得たので、その時準備した資料とパネラーとして何に留意したかを中心に紹介したい。発言内容は、事前にコーディネーターを務める香川大学危機管理研究センター副センター長岩原廣彦氏（香川大学客員教授）からの進行シナリオに基づき作成したが、質問に対し限られた時間で要点となる事項を発言するだけでなく、聴衆者が理解し現実に即した

意見でなければ住民の意識や行動には結びつかないことを強く意識した。事前調整があった事項は、新想定を受けて災害への備えの現状、現状での課題（国、市町の情報連携や相互支援体制等）を抽出し、今後どのように解決して行くか。市町の現状では、特に自主防災組織の現状・問題点がポイントだった。

　シンポジウムの成果は、主要発言内容が冊子にまとめられ、聴衆者から金田先生の基調講演を含め「今回の内容が最もよかった」「坂出市の説明がよかった」との感想を頂き、発言内容を何度も意識して検討したことが受け入れられたことに充実感を覚えた。この経験は、翌年の１月に坂出東ロータリークラブが主催し、私がコーディネーターを務めた地域防災フォーラムに生かされたのは言うまでもない。このフォーラムは「岩手県陸前高田市長と防災を考える」と題し、１部では戸羽市長の体験談と教訓を基調講演して頂き、２部で南海トラフ地震対策ー「自助・共助・公助」の在り方を考えるーをテーマにパネルディスカッションをコーディネートしたが、ここでも会場を埋め尽くした超満員の市民や関係者の皆様から高い評価を受けた。ここでは２つのシンポジウムで準備した資料を紹介する。

＜参考：香川大学危機管理研究ーセンターの機構改編＞
　香川大学では、平成２８年４月１日四国危機管理教育・研究・地域連携推進機構が創設された。（機構内に２つのセンター）
　　「危機管理先端教育研究センター（センター長：白木渡氏）」
　　「地域強靭化研究センター（センター長：金日義行氏）」
※　細部は、香川大学ホームページ参照

＜第５回危機管理シンポジウム資料（25.2.20）＞

24年度坂出市の取り組み(1)

1. 地域防災計画の全編見直し
   - 東日本大震災、豪雨災害等など国・県施策を踏まえた修正
   - 機構改革に伴う修正、要援護者対策（23')他下記新規追加
     地震・津波対策編、防災士等運用体制計画、BCP策定計画
2. 土砂災害ハザードマップの作成
   - 地域・災害特性に応じた住民目線での独自マップ作り
     住民説明会（県・市）～地区毎のワークショップ（市）～修正協議
   - 地形特性、危険を感じる範囲・箇所、災害歴史・伝承事項等
3. 災害情報の収集・伝達及び広報
   - 情報発信は市民感覚、行政・住民双方の信頼関係で成立
   - TV・ラジオ（NHK・KBN・FMサン）、HP（CMSリニューアル）・SNS
     携帯・スマホ（情報配信・メール）、固定電話、広報車（連絡員）
   - 防災行政無線（移動系増・電波改善）、サイレン吹鳴 ⇒ 同報系
   - 広報誌「防災はじめの一歩」、各種メディア取材対応、目安箱

24年度坂出市の取り組み(2)

4. 防災訓練・講話等の実施状況
   - 坂出市自主防災組織リーダー研修会（7/16）
   - 坂出市震災対策避難防災訓練‥加茂地区（11/18）
   - 自主防、企業、機関等への訓練・講話‥53回（4～12月）
5. 自主防災組織の結成・育成
   - 今年度新規結成：9組織‥70組織（活動カバー率57.2％）
   - 新規事業‥活動補助金、防災士等資格取得補助金
   - かがわ自主防フォローアップ事業‥5組織に指導
     A：10（25.0％）、B：9組織（22.5％）、C：21組織（52.5％）
6. 災害時要援護者対策
   - 連合自治会説明会、訓練等での趣旨説明、登録呼びかけ
     7地区、14人が登録 ⇒ 地域・個人格差、支援上の限界？
   - 環境整備が必要 ⇒ 地域組織対応、自治会加入率向上等

24年度坂出市の取り組み(3)

7. 緊急物資の備蓄事業
   - 備品入替、テント、簡易トイレ、可搬式発電機、ロールマット新設
   - 新想定に伴う保管検討‥倉庫等確保、一括集中保管検討
   - 福祉避難所備蓄品の検討‥毛布、ロールマット他、意見聴取
8. その他
   - 高台一時避難場所調査‥4～6月約70箇所、高台マップ
   - 指定避難所への海抜表示版設置‥11～12月27箇所
   - 防災トップセミナー（陸自）、顔の見える関係づくり研修・懇談会
   - 婦人会による防災町づくり、防災会議女性委員の登用
   - 国県等が主催する産学官会議等への積極的参加
     四国港湾の地震・津波対策検討会、香川災害情報協議会
     災害時情報収集・伝達あり方、香川地域連携検討協議会
     番の州臨海工業団地懇談会、坂出港振興協議会懇談会ほか

自治会・自主防災組織の現状

地区	人口	世帯数	自治会(加入率)	自主防災	加入世帯数	カバー率
S B	5,883	2,693	32 (81.1)	7	656	24.4
C O	6,879	3,136	36 (43.6)	1	99	3.2
T B	9,313	4,215	35 (67.2)	4	833	19.8
K Y	5,887	2,518	22 (68.2)	校区(1)	2,518(1,685)	100(67)
N S	2,086	1,068	12 (56.3)	校区(4)	1,068(203)	100(19)
H D	6,312	2,426	22 (62.1)	校区(2)	2,426(1,530)	100(63)
K M	2,971	1,204	32 (61.8)	地区(2)	1,204(602)	100(50)
M Y	3,847	1,536	39 (61.5)	校区(4)	1,536(1,020)	100(66)
F T	4,955	1,963	30 (69.4)	校区(6)	1,963(245)	100(13)
K T	5,810	2,355	45 (55.4)	8	444	18.9
Y S	1,430	603	12 (82.4)	校区(7)	603(515)	100(85)
O K	1,170	516	14 (76.0)	校区(5)	516(426)	100(83)
合 計	56,351	24,284	336 (61.1)	70	13,894(8,258)	57.2(34)

※ 人口・世帯数は、住民基本台帳(24.4.1)による。

自治会・自主防災組織の現状と考察

◎ 現 状 ［人口：56,351人、世帯数：24,284（24.4.1）］
- 自治会数：336（12地区）、加入率：61.1％
- 自主防災組織数：70組織、活動カバー率：57.2(34)％
  加入：13,894(8,258)世帯、届出：校区(8/12)、組織(4/12)

◎ 考 察
- 自治会平均72世帯、約170人、1世帯2.3人（核家族化進行）
- 年齢構成は15～64（58.4％）、65～（29.4％）‥2:1（高齢化）
- 自治会1/3が未加入、地縁・共助意識希薄、伝統継承低下
  ⇒地域共同連携、団結・絆、自主防災組織結成率限界
- 要援護者の占める割合は、人口の約1割と推定
  ⇒登録・申請率低下、福祉施設受入限界、医療救護負担増
- 自主防活動カバー率実態と数字が乖離 ⇒ 統一認識必要

▼ ▼ ▼
地域の安全・安心、活性化、人口減少、産業経済等に影響

自主防災組織活動カバー率

1. 活動カバー率とは
   活動範囲地域の世帯数／全世帯数
2. 活動範囲の捉え方は？
   - 1組織の平均世帯数は約120世帯
     最小16世帯～最大382世帯
   - 組織毎の届出は複数自治会もあるが、
     自治会単位の届出が83％（58/70）
   - 適正単位の認識統一が必要 ⇒ 実効性
3. 地区毎届けると、カバー率は100％？
   実態カバー率は、自治会加入率に近い

災害情報連携について

◎ 災害情報の特性
- 「迅速正確、簡潔明瞭、そして軽く」が原則
  → 情報はあくまで手段、目的は首長決心・住民行動に資すること
- 多種多様、時の表情、時間とともに価値減退、全ては土中にあり
  → 憶測・デマ、誤認情報あり‥真に必要な情報は評価分析が重要
  → 根拠、出所信頼性、IT特性‥チェック機能、セキュリティ対策
- 地震・台風は「自然現象」、ハザードは災害を起こす外力
  → 災害は社会生活の場で発生、人のいない大海原では発生しない

◎ 情報連携上の留意事項
- 県・他市町と情報交換、共有できる環境整備
  → 平素からの信頼関係確立、システム・地図等共有化による負担軽減
- 幅広い世代・職場の住民にもれなく、分かりやすい伝達体制が重要
  → TV・ラジオ・HP・SNS、電話、無線の色、人を介した各種伝達手段
  → 発信は市民感覚で、地震・津波の大きさ判断「揺れの強さと長さ」
- 緊要な時期に使える環境整備、業務従事者の負担軽減
  → 予備手段、燃料・電池の確保、業務の効率化と支援態勢確立

防災行政無線について

◎ 特性と運用
- 独自回線による無線通信網による情報収集・伝達手段として有効
  → TV・ラジオ、携帯電話、SNS等IT機器が停電・輻輳等で使えない時
  → 地形障害・電波妨害対策、周波数・電源・通信委員の確保等必要
- 災害対策本部(市)と現地・地域間の指揮連絡手段として有効
  → 移動系：双方向の通話が可能な通信手段‥市と車両等を結ぶ
  → 同報系：一方向の通信が可能な通信手段‥市と地域住民を結ぶ
  　離島等孤立が予想される地域は双方向の通話検討

◎ 現況と今後の予定
- 移動系：指令局1局(危機監理室)、移動局96局(各部課・車両)
  → 指信運用範囲の拡大を目的として、24年度に4局増設
  → 電波困難・不通地域解消を目的として、電波改善等工事4ヶ所
- 同報系：現在の溶融サイレン吹鳴装置を廃止し、27年度導入予定
  → 情報伝達は飛躍的に向上‥手動から市内同時自動放送可能に
  → 消防本部へのJ-ALERAT受信装置配置‥国民保護事案対応強化

防災教育について

◎ 市民感覚での防災講話と実践的訓練
- 防災意識・知識重視、印象に残る題材、言葉(国語)を大切に
  → 見識(知識＋変化への判断)、胆識(＋逆境時の決断・勇気)
  → 災害史・地域文化・言い伝え、教訓紹介等は心痛に配慮
- 専門用語は、努めて普段の市民生活に密着した言葉で解説・表現
  → 津波高、水位、津波浸水深とは？、T.P H.W.L って何？
- 組織・個人を知り、練度に応じた段階的訓練‥やり方・方法検討
  → イメージトレーニング(DIG)を活用した考える訓練、身近な対策から
  → 地域ミニテレビ、自治会活性化、世代間交流の場として活用
● 防災教育を通した学校のコミュニティスクール化を推進
- 地域と一体となった防災教育は道徳教育に繋がる
  → 防災教育は「心と実践教育」‥夏休み等を利用した独自マップ作り
  → 教える側の教育法として活用‥旧師範学校の教え、訓練指導法
● 香川大学防災教育推進委員会の取り組み

相互支援態勢について

◎ 防災業務体制整備計画
- 職員・関係機関の相互連携‥応急・復旧活動の連携、協定等締結
- 防災中枢機能の確保充実‥停電・燃料不足対策、業界の協力
- 基幹情報システムの機能確保‥バックアップ体制確立、自治体クラウド化
- 広域防災活動体制の整備‥広域拠点整備(警察・消防・自衛隊等)

◎ 現状・留意事項
- 現状：協定・覚書等は20、うち自治体間の相互応援協定は6締結
  → 消防相互応援協定(県・丸亀市)、防災ヘリコプター応援協定(県)
  → 石油基地自治体協議会(56市町)、香川県相互応援協定(17市町)
  　瀬戸内・海の路ネットワーク相互応援協定(29市町)
- 留意事項
  → 今後検討すべきことは適宜継続あり‥地方行政調査(6割単独、4割複数)
  　自治体から「広報に危惧、複数ルートで初動遅れ混乱」、平素からの連携
  → 広域防災拠点、物流輸送体制(ハード・ソフト)事前整備、危機管理体制
  　陸海空交通基盤(輸送路・手段・人材)、法規制、計画整備(BCP)等

<地域防災フォーラム資料 (26.1.26) >

＜進行シナリオ＞

1　はじめに［10:50～10:55］

　坂出市役所危機監理室長の高木です。第1部講演会では陸前高田市長戸羽太様から、基調記念講演を頂きました。ここからは、第2部パネルディスカッション「南海トラフ地震がきた場合の対策について」－自助・共助・公助の在り方を考える－をテーマとした討論です。近い将来高い確率での発生が危惧される「南海トラフ巨大地震」が発生した場合、ご自身・ご家族を含めた自治会、自主防災組織等地域がどの様に行動するのか、普段から準備しておくことや訓練しておくことはどの様な事か、さらには市役所を中心とした公的支援は得られるか等について、4名のパネリストの皆様及びご来場の皆様と一緒に考えて参りたいと思います。

　はじめに、本日お越し頂いているパネリストの皆様を紹介致します。防災士で坂出市王越自主防災組織会長の北山定男様、臨床心理士で香川カウンセリングセンター所長の浅海明子様、坂出青年会議所直前理事長の中井保輝様、坂出市消防団副団長で坂出東ロータリークラブ副会長の岡田俊一様にお越しいただきました。

　本日のパネル討論の進め方は、スライドのとおりです。

　まず、お一人ずつ自己紹介を兼ねて、それぞれの立場での活動内容についてご紹介頂き、今回の東日本大震災を教訓とし「自助・共助・公助」の役割・あり方の観点から、「何をなすべきか」「今何ができるか」を自覚し、「今後何をしますか」について、また市に対し「何を期待しますか」の観点で、それぞれの立場でお話をお聞きしたいと思います。

<u>2</u>　これまでの活動内容の紹介［10:55～11:25］
<u>3</u>　防災対応における課題と対応について［11:25～11:50］
　　只今紹介して頂いた活動上の課題と対策について、特に「自助・共助・公助」の役割・あり方、活動上の問題点を明確にした上で、市への要望事項があれば、夫々の立場からお願いします。
＜個別の想定質問＞
◎　王越自主防災組織会長、連合自治会長：北山定男氏
　①地域全般、特に高齢者層の立場からの意見②災害時要支援者対策支援側の問題、福祉施設との連携、避難所運営ほか③災害情報連携情報収集伝達手段、自治会等への連絡体制
◎　香川カウンセリングセンター所長、臨床心理士：浅海明子氏
　①婦人層の立場からの意見、仕事・家事等による当該活動制限をどう考えるか②災害救急医療活動、避難所運営との連携、災害時ストレス・ＰＴＤＳほか③防災士活動…平素の準備と防災対策、発災後の防災活動
◎　公益社団法人坂出青年会議所理事長：中井保輝氏
　①壮年層～青年層の立場からの意見、仕事等による当該活動制限をどう考えるか②企業等ＢＣＰ、企業の責務・役割、家庭・個人と企業・自治会・行政との連携ほか③防災訓練・教育、リーダー育成
◎　坂出市消防団副団長：岡田俊一氏
　①壮年層の立場からの意見…労働等による当該活動の制限をどう考えるか②防災訓練・教育、防災リーダーの育成、学校防災訓練・教育のあり方③消防団活動…平素の準備と防災対策、発災後の防災活動

> 4　フロアからの質疑応答［11:50～11:58］
> 5　閉会の挨拶［11:58～12:00］

　なお、本フォーラムの実施に関し、年度当初に企画等の依頼を受け、実施の方向性、パネリストの選定、実施内容等、数回の会合を経て本番に臨んだが、各界をリードするパネリストの考えを引き出し、住民の声として、判りやすく論理的に聴衆に訴えることを重視した。

6　管理職を対象とした職員訓練（課長補佐級以上）

　管理職を対象とした職員訓練は、平時は具体的な災害対応を検討し各種計画やマニュアルを作成・指導し、災害発生時は職員に命令指示し適切かつ円滑な初動対応を容易にするため極めて重要と位置づけ、課長補佐級以上を対象として実施した。

　訓練計画作成段階では、訓練の考え方・方針を確立して業務予定を作成し、段階的訓練により成果を積み上げ、訓練終了後は検討会を実施し次期に反映させるという、ＰＤＣＡサイクルを着実に実施することが重要である。業務手順として、実施大綱を作成し年度当初・中間・年度末に首長に報告すること。留意事項として、早期計画作成・通知と事前検討課題等による予令、各部課と重要行事が重ならないよう実施日を調整し配慮すること等が必要である。この際、庁内インフォメーション、メール等を有効に活用できるが、事前調整や報告・指導受けすることが必要なのは言うまでもない。

　平成２６年度及び２７年度職員訓練実施の大綱は次のとおり。

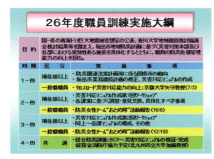 

(1) 平成26年度訓練
○第1回:計画最終案に対する意見、各課災害対応マニュアル作成
○第2回:＃1災害対応マニュアル作成ワークショップ(討議発表)
○第3回:＃2災害対応マニュアル作成ワークショップ(討議発表)
○第4回:災害対策本部運営訓練(北九州市立大学他協力)

＜ワークショップ題材とＧｐ編成＞

計画区分	項　目	ワークショップ題材	Ｇｐ
災害予防	平素からの準備	・地域防災計画による	共通
	登庁～災害対策本部の設置	・職員参集状況、職員・家族の安否確認 ・庁舎建物、車両、執務室、物品等の被災状況～環境整備～勤務体制の確立	
	初動体制の確立	・庁内情報共有～報告・通報、情報収集伝達、連絡、広報態勢 ・職員、車両・資機材、燃料等支援体制 ・被災状況の把握(調査班の運営)	A

災害応急対策	避難体制の確立	・庁内避難者の誘導処置 ・避難所運営（福祉避難所を含む） ・医療保健、健康相談、メンタルヘルス ・食料、応急給水、炊き出し態勢 ・ボランティアセンター設置運営	B
	人命救助体制の確立	・安否確認、行方不明者捜索救助態勢 ・火災、消火活動、浸水対策（ポンプ） ・医療救護活動、救護所開設運営 ・遺体処理、安置所設置運営、火葬処置 ・警察・消防・自衛隊・職員等受入態勢	C
	応急復旧体制の確立	・ライフライン復旧、道路啓開、交通規制 ・衛生管理、ゴミ、し尿処理、入浴支援 ・被災建物等把握処置、罹災証明業務 ・救援物資拠点、センター設置運営態勢	D
災害復旧	本格的復旧・復興	・公共施設等復旧、瓦礫処理 ・生活再建支援、応急仮設住宅等 ・義援金受け入れ、配分	D

＜第4回：災害対策本部運営訓練（北九州市立大学他協力）＞

　本訓練は、坂出市業務継続計画（BCP）を検証する位置づけで、情報伝達・共有型図上訓練の考え方を用いて総合訓練を実施した。訓練編成は次のとおり
◎　コントローラー（18名）
・システム管理：北九州市立大学加藤准教授、北九州市消防谷延氏
　産業技術総合研究所野田氏、㈱インフォグラム麻生氏、松元氏

損保ジャパン日本興亜リスクマネージメント㈱虎谷氏
・想定付与：大阪消防山口氏、徳島消防数藤氏、坂出消防鎌田氏
・全般管理・訓練評価：危機監理室笠井氏他坂出市役所職員7名
◎　プレーヤー（56名）：災害対策本部及び事務局要員
　　市長、副市長、総務部、市民生活部、健康福祉部、建設経済部、教育部、水道部、消防部、病院部、出納部
◎　市町村における部局間連携能力の定量的評価
　　市町村が災害対応能力を高い水準に保つには定期的に訓練を行い継続的に能力の向上を図る必要があり、様々な部局が関わって情報伝達と意思決定を行い、災害対応を進めるための連携体制（意思決定ネットワーク）が必要である。このためには職員が災害時優先すべき目標を共有し、業務内容をチェックリスト等により事前に把握していることが必要であり、これらの要素を訓練することにより行政組織としての災害対応能力の全体像、意思決定ネットワークの動作状況を定量化・可視化するものである。
◎　訓練参加所見（災害対策本部事務局として参加）
　　私はこれまで様々な立場で各種訓練に参加し、評価し又は評価を受けてきたが、定性的評価では根拠に乏しく、計数的評価の考え方を取り入れ点数による評価基準を検討したことがあった。
　　情報伝達・共有型図上訓練の評価システムも同様の問題認識のもとに、災害対応能力や意思決定までの過程を計数的に評価するものである。災害対応の良否を数値で評価されることで、訓練を受ける側の弱点を知ることができ、行政が今後改善・実施すべき指標の一助になるものと思料する。注意すべき視点として、本システムはあくまで図上訓練であり、人・物・時間・場所等実施上

> の制約があること、災害の前提となる想定と現実の違いなど、計数的評価には信頼性に限界があることの認識が重要である。このことが実践的・実際的訓練が重要と言われる所以でもある。

(2) 平成27年度訓練

○第1回：災害対策本部設置運営訓練の教訓・対策（ＡＡＲ）訓練評価結果によると、広報と後方支援対応の達成率が低かったとの指摘があり、「災害情報の情報収集伝達計画」「広報活動計画」に焦点を当て、追体験により各課細部計画及び災害対応マニュアルに反映させることを目的に実施した。併せて、第2回訓練以降の図上訓練ワークショップ題材の検討調整を実施した。

○第2回：＃1図上訓練ワークショップ
　「避難計画」「要配慮者応急対策計画」「災害対応マニュアル」

○第3回：＃2図上訓練ワークショップ（MM方式訓練統裁）
　「医療救護計画」「他地域からの救援物資対応計画」

○第4回：災害対策本部運営訓練（総務省消防庁協力）

＜第1回訓練：災害対策本部設置運営訓練の教訓と対策＞

報告・電話応答の留意事項

◎ 1H5Wで簡潔に「聞く」「話す」「書く」(通話法も同じ)
- 主語＋述語 ‥ 誰が、何時、何処で、どのように、どうした。
- 修飾語は、努めて簡潔に(見たままを伝える表現で)
◎ 一事象は一文章で、二事象を一文章で書くと分かりづらい。
- リンゴは、赤い。リンゴは、美味しい。このリンゴは、甘くて美味しい。
- ミカンは、黄色い(橙っぽい)。この赤見のカンは、甘くて美味しい。
- このミカンは酸っぱく、赤見のミカンは甘くて美味しいが、俺はリンゴが好きです。⇒ 何を伝えたい？急を要するときの電話で言われたら？

＜警備報告事例＞
- 〇〇通りX、y,と会話、〇〇写真撮影、俳徊、不審行動、退尾、〇〇了
- 特徴：男性、身長〇〇、小太り、メガネ、帽子、黒シャツ・ジーパン・白靴
- 正門火災順、A号配備 ‥ 地点・地名を簡潔に表現、行動の取り決め

情報処理上の留意事項

＜留意事項＞
● インフォメーション(情報資料)とインテリジェンス(情報)
● 情報源の信頼性評価：誰から、見たままか、憶測・推測は？
● 災害情報は多種膨大、時の表情有、時間ともに価値消減
● 被害様相は発災場所、時期・時間帯、月齢、潮汐等の気象条件により異なる。

＜情報格言：管理者の孫子から＞
「価値ある情報は物の見方から知る。」
「情報が活用できるのは豊かな人間性である。」
「情報は現場から取れ、役立つ情報は目的から得られる」
「重要情報を見つけ出す力は『想像力・洞察力』」
「情報に振り回されてはいけない人間万事、塞翁が馬」

災害対策本部開設・運営マニュアル

◎ 開設・運営に必要なもの ⇒ 何があれば良いか
① 会議参加者・配置 ‥ 組織、レイアウト(席順等)
② 準備物 ‥ 電話・TV・PC他、地図・掲示物、机・椅子
③ 開設要領 ‥ 室員の役割、行動要領
④ 本部の行動 ‥ 災害対策本部業務予定
- 会議 ‥ 進行次第(本部長、部長等の役割・報告等)
- 災害対策、実動 ‥ 本部長、部長等の役割・報告等
⑤ 事務局の行動 ‥ 災害対策本部業務予定
- 会議 ‥ 事前準備、配布資料(室員の役割・報告等)
- 災害対策、実動 ‥ 室員、増員職員等の役割・報告
⑥ その他 ‥ 職員参集等(参集表、電話・メール内容)
▼ ▼ ▼
マニュアルの定めるべき事項・手段方法・様式等

災害対応シミュレーション(MM)－1

◎ 事例1：王越町県道16号線で土砂崩れのため通行できない乃生岬から2～300メートル
- 第1報：トラック運転手〇〇さんからの電話通報(〇〇時受け)
 〇月〇日〇〇時頃、王越町県道16号線を高松方面へ向かう途中乃生岬から2～300m付近で土砂崩れに遭遇した。土砂崩れは、幅約〇〇m・高さ約〇mにわたり道路全面を塞いでおり、通行不能状態となっている。土砂崩れによる人員・車両等の被害は不明、自隊車両は被害なし。
- 第2報：座掘れ2か所、住宅3棟に土砂流入、土砂対応で自衛隊要請。
＜通報＞ ‥ 災害対策本部事務局、環境交通課、けんこう課、建設課、消防本部、市立病院、坂出警察、連合自治会(王越ほか)
＜処置＞ ‥ 現場確認、捜索活動、早期復旧、王越支援への影響、二次災害防止判断、交通統制、住民周知(広報)
 状況により人命救助
＜その他＞

災害対応シミュレーション(MM)－2

◎ 事例2：久米町島崎マンション北付近の住宅街地で20名程度が生き埋め、住民では手に負えない。(地震度：0.9m)
- 第1報：市民〇〇さんからの電話通報(〇〇時受け)
 久米町2丁目9番島崎マンション北付近の木造住宅十数軒が倒壊。20程度の住民が取り残されている模様。瓦礫が多量で近くの住民では手に負えない。現場は、ガス臭。
- 第2報：チェーン鋸、カッター多々必要。消防隊、消防団、救急隊の増隊依頼。
＜通報＞ ‥ 対策本部、関係部局、警察他関係機関、地域・住民、企業坂出警察、連合自治会(東隊ほか)
＜処置＞ ‥ 人命救助・捜索活動、遺体収容、火災等対応、建物倒壊、避難路制止、救護班・DMAT派遣、通行統制、住民周知(広報)
＜その他＞

災害対応シミュレーション(MM)－3

◎ 事例3：番の州緑町コスモ石油から出火、石油タンク火災と化学物質の漏えいが発生。火点東側100mに現場指揮本部設置し消防警戒区域を設定。北風、約8m付近に異臭が漂っている。住民避難広報、避難勧告を検討してほしい。大気の環境測定を依頼。
- 第1報：コスモ石油〇〇さんからの電話通報(〇〇時受け)
 〇月〇日〇〇時頃、番の州緑町コスモ石油〇〇タンクから出火、タンク火災と化学物質の漏えいが発生、初期消火により火点は次火‥
 現在ところ大規模爆発延焼の可能性あり。東側に現場指揮本部開設置。
- 第2報：工場で火災発生消火対応。アンモニア臭い化学等応援依頼。
＜通報＞ ‥ 対策本部、関係部局、警察他関係機関、地域・住民、企業坂出警察、連合自治会(瀬居、西部、中央、東部、林田他)
＜処置＞ ‥ 火災等対応、建物倒壊、避難路統制、状況により救護班DMAT派遣、通行統制、住民周知(広報)
＜その他＞

＜第3回訓練：南海トラフ地震対策訓練統裁計画の一例＞
　本訓練は、地域防災計画に基づく災害対策本部及び各部における実効性ある施策を具体化するとともに、これまで作成した業務継続計画（ＢＣＰ）、各課災害対応マニュアルを再確認することが目的だった。自衛隊の戦術教育で使われる「ＭＭ方式による訓練統裁」を用い、初期段階における医療救護及び救援物資対応について、時程に沿って地図上でイメージトレーニングしながら、計画を具体化するもので、タイムラインの考え方に基づく訓練手法でもある。今回は、市長の訓練視察を計画し、香川県市町ＢＣＰ東西ブロック会議から、香川県危機管理総局危機管理課及び市町担当職員の視察を得て実施した。

1　訓練想定の概要
　平成２７年１２月２１日（月）午前５時静岡県〜愛知県〜高知県沖でＭ９の地震が発生した。国は、官邸に緊急参集チーム参集し緊急災害対策本部を設置するとともに、香川県に現地対策本部を設置することを決定した。坂出市は、災害対策本部を設置し、災害情報を収集中であるが、県内被害状況は、香川県地震・津被被害想定のとおりである。

2　訓練の条件設定（坂出市業務継続計画による。）
　(1) 発災から登庁までの問題点等は各課で検討したとおり、職員参集人員は 50〜70％とし、人、物、情報、ライフライン等の制約は被害想定による。
　(2) 検討の対象時期は、登庁後から１Ｗまでとする。
　　　業務継続計画別冊「坂出市非常時優先業務」
　　　Ａ（初動対応段階）〜Ｂ（即時対応段階）を対象

69

(3) 訓練開始の態勢

　　貴職は、市役所登庁後、庁舎周辺及び職場の被災状況を点検するとともに、職員の安否、参集状況を確認中である。危機監理室は、職員参集状況、庁舎周辺及び坂出市内の被害情報を収集するとともに、第1回災害対策本部会議を準備中である。

3　訓練統裁実施要領

(1) 練習状況：自宅等発災から登庁までの行動

練習状況：発災(自宅)〜登庁まで

◎ 自宅での行動：出発までに処置すべき事項
・耐震化・家具固定，平素の備えで被災状況異なる
・情報入手〜家族安否〜救急処置〜避難体制
・服装，携行品，移動手段〜登庁時間は？
・家族が重・軽傷を負った〜貴官の対応如何？
◎ 登庁間の行動
・移動・経路手段（予備経路・手段含む）は？
・登庁間何をする？登庁時間〜到着時間は？
・移動間交通事故(トラック横転)に遭遇〜どうする？
・余震で看板落下に巻き込まれる〜対応行動は？
参考資料10-2 地震発生時非常参集マニュアル

災害時における権限の代行

職名	現行	代行1	代行2
本部長	市長	副市長	総務部長
副本部長	副市長	総務部長	市民生活部長
教育長	教育長	教育部長	学校教育課長
総務部長	総務部長	政策課長	総務課長
出納局長	出納局長	出納局次長	出納局係長
市民生活部長	市民生活部長	環境交流課長	市民課長
健康福祉部長	健康福祉課長	こども課長	けんこう課長
建設経済部長	建設経済課長	建設課長	産業課長
議会事務局長	議会事務局長	議会事務局次長	議会事務局係長
教育部長	教育部長	教育経済課長	学校教育課長
水道局長	水道局長	監理課長	工務課長
消防長	消防長	先任課長	次先任課長
市立病院事務局長	市立病院事務局長	庶務課長	医事課長

　　自宅等発災から登庁時までの行動は、「坂出市地域防災計画参考資料 10-2 坂出市地震発生時非常参集マニュアル」に基づき行動する。

(2) 前段訓練：登庁後から医療救護体制確立までの行動

第1・2状況：災害対策本部会議まで

◎ 登庁後の行動
・庁舎内・周辺の被害状況は？‥確認・復旧要領
・職員登庁状況，登庁率〜待機職員把握システム
・安否・連絡体制，行動等‥各課初動対応マニュアル
・各部指揮所‥職員運用計画，業務予定，地図等
◎ 第1回災害対策本部会議
・開催時刻‥目標1.5〜2h後可能？ 野外指揮所？
・市長報告‥気象情報，被害状況，部課態勢・活動
・活動方針‥各部課優先業務，初動対応マニュアル
　調査班編成・EEI(情報主要素)・OIR,収集計画・
・次第・配置等‥災害対策本部設置運営マニュアル
災害時における権限の代行は？ 「別紙」

第3状況：発災〜1日後まで

◎ 各課優先業務，初動対応マニュアル
・優先業務に応ずる職員運用と目標開始時間
・車両，資機材，携行品，通信連絡手段(報告)
・所掌公共施設の被災状況の確認方法，経路等
・避難情報の伝達・収集，他機関等との連携体制
　住民呼びかけ，各種発信，広報(各種メディア)
◎ 人命救助体制，避難支援，避難所開設
・救助・捜索，救出・救護，消火，検死・遺体処理
・避難周知，避難支援(1〜2次)，避難所開設(鍵)
　住民対応，自治会等連携，職員配置，火災対応
・津波対応(水門等)，交通規制〜流出・孤立対応
　被害・浸水想定‥人・建物・インフラ・公共施設ほか

「避難計画」で検討すべき事項(1)

- 避難指示‥(大)津波警報で自動的に発令，指示解除は？
- 周知内容‥理由，対象地域(全域)，避難先・経路，その他注意事項・携行品
- 避難，経路‥被災状況により異なる(被災・交通情報伝達)
- 周知方法‥防災行政無線，防災情報メール，報道(TV・ラジオ)　SNS(Hp・ツイッター)，広報車(地域・経路)，電話(連絡先)
- 避難誘導‥原則徒歩，RC造3F以上の建物，緊急車避難？　高齢・障がい者(安否確認・補助等)，外国人，旅行者
- 避難所開設‥指定緊急避難場所等の開設要領(鍵，担任)　職員運用と自治会等への申し送り(マニュアル作成)

「避難計画」で検討すべき事項(2)

- 避難所運営‥食料，水，毛布，医薬品，生活必需品の確保　TV・ラジオ，備品等の確保，避難所グッズ，レイアウト他
- 備付備品‥机，椅子，白板，情報機器，間仕切り，仮設トイレ‥
- 運営ルールづくり‥日課表，ペット取扱い，ボランティア受付他
- 協定で支援受‥ライフライン，燃料，給水，冷・暖房，資機材等
- 在宅避難者‥孤立者，行方不明者の把握，巡回相談　見回り，連絡体制，救援物資の供給
- 広域一時滞在‥帰宅困難者，滞在者の把握，連絡・情報伝達体制，食料・水等の供給
- その他‥広域避難，受け入れ，応急仮設住宅への収容判断　県・他市町との協議

第4状況：医療救護本部，救護所開設

◎ 医療救護本部の設置
- 医療機関・施設の状況と体制，計画・連携体制　DMAT等，国・県の医療救護体制，応援体制は？　医師等勤員体制，車両・ヘリ・資機材，備蓄医薬品
- 被災状況～本部は，何時・何処に設置(合庁2F)　本部編成，準備事項，災対本部との連携体制

◎ 救護所の開設運営
- 救護班の編成，医療所要と可能性～問題点・対策　開設時期・場所(坂出・白風中)，レイアウト・備品等　救護活動，治療，後送要領　＜参考資料1＞
- 巡回診療可能数～人，物，車両，燃料，医薬品等　災害時の医療救護活動に関する協定(三師会)

第5状況：複合災害～ため池決壊

◎ 特別状況～鎌田池の決壊
- 14:20余震発生「鎌田池決壊」連絡～対応如何？
- 発災9時間後の様相？　東日本余震発生状況
- 考慮要件‥在宅・帰宅困難者，企業，職員体制
- 決壊後浸水‥ハザードマップ～整備状況，調査結果　前提条件理解，避難場所・経路，臨機処置案保持

◎ 災害対策本部行動方針
- 情報伝達体制，避難呼びかけ・広報，処置事項　防災行政無線による一斉放送は可能か？
- 現場確認(程度)と2次災害の可能性‥判断基準
- 各課対応如何‥応援・連携態勢，応急処置，工事　もしもの時の避難場所は‥高台一時避難場所

ため池ハザードマップ

◎ 作成目的等
　今後発生が予測される東南海・南海地震等により，ため池が決壊した場合の氾濫解析を行い，ため池氾濫の危険性を正しく住民に周知するとともに，災害発生時における住民自らの適切な避難活動の指針とする。

◎ 対象ため池　‥8種類，22箇所
① 玉川池　ため池ハザードマップ
② 真元池・鮫谷池　ため池ハザードマップ
③ 奥池・新池・貯水池　ため池ハザードマップ
④ 四手池　ため池ハザードマップ
⑤ 鎌田池・御大師池・八幡池　ため池ハザードマップ
⑥ 六地蔵池・割古池・川池・尾池・前池　ため池ハザードマップ
⑦ 宝池・赤尾池・野上池・セビ池　ため池ハザードマップ
⑧ 松ヶ浦池・奥池下池・奥池上池　ため池ハザードマップ

「要配慮者応急対策計画」

- 高齢・障がい者‥名簿の活用，安否・被災状況の把握　情報収集体制，手段・方法？
- 連携体制‥自主防災組織，民生委員，ヘルパー等との連絡　福祉避難所開設(艦送？)
- 児童‥学校・保育所，子供相談センターとの連携，報道機関　掲示板の活用，メンタルヘルスケアー
- 外国人‥ボランティアの確保，安否・誘導，情報伝達体制，　県，専門機関等との連携
- 福祉施設‥福祉避難所の開設，病院等との連携，　ライフラインの優先的復旧，マンパワーの確保

(3) 後段訓練：発災１日後から救援物資支援体制確立までの行動

第6状況：飲料水・食料・生活必需品

- ◎ 家庭（個人），自治会等（地域），企業（流通）
  - 家庭備蓄：3日分（携行，保管），品目（個人毎）
  - 地域備蓄：自治会・自主防災等の備蓄，あり方
  - 流通備蓄：協定，企業・県等への要請，あり方
- ◎ 各避難所における備蓄物資の放出（行政）
  - 被災者ニーズ，避難所運営，行政との連携
  - 支援物資の配給は何時，何処へ（配分計画）
    担当・編成・装備・車両等，手段・方法，経路
- ◎ 地震・津波による被災の影響を如何に見積もるか
  - 現備蓄場所，品目・数量，保管要領の検証
  - 今後の備蓄方針・計画への反映
    ＜参考資料2＞　救援物資の調達と配分

坂出市協定・覚書等締結状況

協 定 ・ 覚 書 名	年月	協 定 ・ 覚 書 名	年月
消防相互応援協定：坂出市と丸亀市	50. 6	緊急通行妨害車両排除：㈱T-WORKS	21.12
水道災害相互応援協定：協会香川支部	61. 4	災害時物資供給：NPOコムワカサ・センタ	22.12
香川県消防相互応援協定：県市町	61.12	石油燃焼機器協会相互応援協定：56市町	23. 7
香川県防災ヘリコプター応援協定：県市町	6. 4	災害情報応急対応：四国情報方産協議	23.11
水道災害相互応援協定：協会四国支部	8.10	香川県災害相互応援協定：県17市町	23.11
救援災害安全対策緊急：JR西日本	15.12	指定避難所・老朽橋床，五色台，若竹会	23.12
災害物資応急対策業務：市除染業協会	17. 4	坂出海上保安署との業務協定：消防署	24. 2
災害緊急急送協力：KBN,FMサン	17. 7	瀬戸内・海族フォアテック相互応援：29市町	24. 3
避難者移住申告：県市町・食品業者	18. 4	災害応急復興活動・相互応援：㈱葉田綿合員	24.10
災害救助用毛細貯酸物運送：県・食品業者	18. 8	照料等供給：LPガス協会石油連盟会員	25. 1
救援物資流通（四国圏）：四国ヤンマー	19. 5	電気設備復旧：香川県電気工業組合	25. 3
水道災害応急：市上下水道工事業組合	19. 6	市民等の安否確認申出：香川県学院	25. 4
災害時における協力：かんぽ生命保険	19.10	レクト支援材品：フィディア㈱,四松ビーム	25. 7
物資等の輸送協力：クロネコ運送宅急支部	19.12	災害時における協力：四国新聞	25.12
飲料水の調達：四国コカ・コーラウェッティング	20. 3	特設公衆電話の設置・管理・利用：NTT	26. 1

第7状況：救援物資支援組織の確立

- ◎ 救援物資の要請
  - 危機監理室（県・協定業者），健康福祉部（日赤）
- ◎ 救援物資の広報
  - 秘書広報課
- ◎ 被災者のニーズ把握
  - 危機監理室，総務課，出張所，けいこ課，教育部
- ◎ 受け入れ場所の確保
  - 危機監理室，かいこ課
- ◎ ボランティアへの協力
  - かいこ課
- ※ 担当部・事務局は？，共通調達会計：出納部

第8・9状況：物資受入～配送～配分

- ◎ 支援物資拠点における活動，物資対応窓口
  - レイアウト・・事務所，物資置場，車両進入出，駐車場
    避難所との調整，津波への対応他（予備場所）
  - 物資の受領・保管・配送計画・・マニュアル作成，備品
  - 民間との協定，職員・ボランティア運用，準備事項
    災害物流考え方の提言・・危機管理シンポジウム
- ◎ 避難所での配分
  - 組織の確立・・物資受領・配分責任者，担当者
  - 物資集積場所の確保，行政・自治会等との連携
    被災者ニーズの把握・要求，冷蔵庫等保管管理
  - 物資配分計画，マニュアル作成等事務分担の共有
  - 停電等不測事態・・電源，照明，OA機器，電話等

7　坂出市防災トップセミナー

　本事業は、「坂出市と陸上自衛隊第１５普通科連隊による防災・国民保護に関する情報の共有、意見交換を実施し、質が高く実効性ある坂出市の安全・安心なまちづくり対策に反映させる。」を目的として、平成２３年度から毎年「防災の日」に合わせ実施している。市側の参加者は、市長、副市長、総務部長、消防長他、自衛隊側は、連隊長、坂出市警備担当中隊長、災害担当主務者、香川地方協力本部長他で、その狙いはトップ同士がお互いのことをよく知り

顔の見える関係を構築することにあった。トップ同士のホットラインの構築に加え、平素からより踏み込んだ意見交換をすることで性格を知り信頼関係を醸成することができる。また緊急時に連絡がなくても相手の考えていることを読んで臨機の処置をとれるようになることがより重要であろう。本事業がきっかけで市幹部職員に対する連隊長講話、市長・職員の自衛隊研修、自衛隊衛生隊員の消防救急活動研修等、相互交流が実現した。

何より職員の自衛隊に対する見方が変わったことは大きかった。

＜平成２４年度防災トップセミナー抜粋（24.8.23）＞

坂出市の変遷

- M23.2: 坂出村が坂出町に ● S11.6: 金山村合併
- S17.7: 林田村合併し、坂出市市制施行
- S26~31: 加茂村,与島村,府中村,川津村,松山村,王越村合併
- S39: 番の洲埋立着手~44'2期~47'3期、五色台スカイライン開通
- S47: 塩田整備計画で塩田370年の歴史に幕閉じる
  市制30周で年「市民憲章」、市の木「珊瑚樹」制定
- S51: 林田・阿河浜地区土地造成工事開始
- S52: 本四架橋「児島・坂出ルート」閣議決定
- S62: 市制45周年で市の花「桜・コスモス」制定
- S63: 瀬戸大橋開通、サウサリート姉妹都市調印
- H 5: 第48回国民体育大会夏季大会でカヌーレーシング開始
- H16: 台風16号高潮被害、台風23号浸水土砂崩れ等被害
- H23: 坂出市機構改革で4部17課3室体制(危機監理室新設)

坂出市の組織

坂出市長 — 副市長
- 総務部: 秘書広報課, 職員課, 人権課, 危機監理室, 政策課, 企業推進室, 総務課, 税務課
- 市民生活部: 市民課, 人権課, 環境交通課, 生活課
- 健康福祉部: けんこう課, ふくし課, こども課, かいご課
- 建設経済部: 産業課, にぎわい室, 建設課, みなと課, 都市整備課
- 出納局
- 水道局
- 市立病院
- 教育委員会
- 消防本部
- 坂出市議会 — 議会事務局

23.4機構改革で4部17課3室体制
24.4機構改革で教育委員会改編

施政方針

◎ 「市民本位」「市民参加」「市民対話」によるまちづくりの創造を基本理念として六つの目標を設定

- 第1目標: すべての人がいきいきと輝くまちづくり
- 第2目標: 安全で環境に優しく持続可能なまちづくり「防災体制の充実・強化」
- 第3目標: 健康で安心して暮らせるまちづくり
- 第4目標: ひとを豊かに育むまちづくり
- 第5目標: 快適な都市環境を実感できるまちづくり
- 第6目標: 元気とにぎわいのあるまちづくり

南海トラフ巨大地震モデル検討会

内閣府昨年8月設置~第22回(24.8.1)
＜南海トラフ巨大地震検討スケジュール＞
- 23年12月 : 南海トラフ巨大地震想定震源域・波源域の設定の考え方 公表
- 24年3.31 : 南海トラフ巨大地震最大クラスの地震動津波高さ(50mメッシュ)推計結果公表
- 24年8.29 : 被害想定推計結果公表 津波高さ(10mメッシュ)推計結果公表
- 24年末 頃 : 対策の骨子 公表
- 25年春 頃 : 対策の取りまとめ 公表

⇓⇓⇓
大綱, 活動要領等の作成

香川県内震度分布・津波水位

市町名	最大震度	津波水位	市町名	最大震度	津波水位
高松市	6強(6弱)	4.5(3.5)	小豆島町	6強(5強)	4.0(3.4)
丸亀市	6強(5強)	3.2(3.1)	三木町	6強(5強)	—
坂出市	6強(5強)	3.3(3.7)	直島町	6強(5強)	3.3(3.0)
善通寺市	6強(5強)	—	宇多津町	6強(5強)	3.1(2.9)
観音寺市	7 (5強)	3.5(3.0)	綾川町	6弱(5強)	—
さぬき市	6強(6弱)	4.6(3.6)	琴平町	6強(5強)	—
東かがわ	7 (5強)	3.9(2.9)	多度津町	6強(5強)	3.6(3.2)
三豊市	7 (5強)	3.8(3.4)	まんのう	6強(5強)	—
土庄町	6強(5強)	3.7(3.1)	想定地震	最大クラス	( )2003年

※ 地形データ:国土地理院250m[震度]、50m[津波高]メッシュ

坂出市地域防災計画想定

南海地震被害想定(17.3:2連動)
◎ 震度 : 5弱~6弱(坂出市)
◎ マグニチュード : 8.4(安政)8.6(宝永)

- 建物 : 全壊778棟、半壊1,870棟、総数47,081棟
- 人員 : 死者10名, 負傷者417名, 罹災者3,452名
- 出火件数: 5件(3h)~8件(3日) 避難者1,036名
- 浸水床下: 2,714棟、床上: 4,690棟 総計7,404棟
- 0.5m未満浸水人口・面積: 3,495人・3,925km²
  0.5~1m: 2,443・2,740 1~2m: 3,490・3,985
  2m以上: 106・5,084 総計: 9,534人・11,158km²

香川県津波被害想定調査

調査地点	満潮位(m)	最大津波高(m)	最大津波水位(m)	ピーク発生時間(分)	+0.2m水位上昇分	第1波ピーク分・津波高
木沢港	1.6	0.7	2.3	350	135	144・0.29
林田町溺島	1.7	0.8	2.5	212	185	150・0.19
竹浦漁港	1.7	0.7	2.4	212	190	149・0.12
坂出港	1.7	1.0	2.7	212	195	150・0.15
御供所漁港	1.7	1.0	2.7	213	196	150・0.14
櫃石島	1.8	0.6	2.4	213	208	150・0.13
与島港	1.8	0.6	2.4	215	200	154・0.19

地域防災計画の見直し

1　23年度の現状
・災害時要援護者対策：全般計画，支援システム，ワーキング
・ハザードマップ：津波高潮・洪水の2種類，海抜標示マップ
・機構改革：組織・分掌事務，協定締結ほか24年度

2　課題と次年度への反映
・災害時要援護者登録及び個別計画の推進
　⇒地域組織を活用した協力の獲得
・現マップ及び指定避難所の見直し（一時避難場所）
　⇒国県の見直しに連動，高台避難所検討

防災意識の啓発普及・防災訓練等

1　23年度の現状
・市企画：震災対策避難訓練，自主防リーダー研修会
　自衛隊との防災防衛トップセミナー，職員研修等
・防災講話，訓練指導等（講師派遣含む）
　23年度：62回，24年度（4～8月）：32回

2　課題と次年度への反映
・訓練広報低調，訓練内容の充実等
　⇒積極広報，実践的・段階的訓練の実施
・意識知識・活動に地域格差が存在
　⇒訓練等を通した普及啓発，計画的訓練呼びかけ

情報収集・伝達体制の強化

1　23年度の現状
・ソーシャルメディアの活用：ツイッター，エリアメール，CMS導入
・情報化推進：防災無線・庁内LAN増設，環境整備等
・情報セキュリティ研修会による職員の知識・技術の向上
・避難勧告等伝達：手段の迅速化・広報文の簡潔化

2　課題と次年度への反映
・情報の迅速かつ正確な収集・伝達体制の整備
　⇒ハイ・ローミックス複数手段確保と確認体制，FM活用
・情報技術の発達等によるシステム・機器の陳腐老朽化
　⇒消防緊急通信指令台，各種システム，OA機器等
　　防災行政無線更新（サイレン吹鳴→同報系導入）

緊急物資の備蓄事業

1　23年度の現状
・指定避難所（千人・1日分）：α米，水，粉ミルク，毛布等
・防災倉庫（長期化対応品）：発電機，トイレ，ランタン等
・各家庭で1日分の備蓄を呼びかけ（1日分は県）

2　課題と次年度への反映
・指定避難所備品，数の不足
　⇒住民要望に応じた計画的備蓄
・防災倉庫備蓄品，数の不足
　⇒震災教訓，BCP等を見越した計画的備蓄

自主防災組織の結成・育成活動

1　23年度の現状
・現在：69組織，13,349世帯，活動カバー率：57%
　本年度は8組織，629世帯が新規結成
・結成説明会の実施，結成の動き各1件

2　課題と次年度への反映
・活動カバー率低調（香川県は70%超）
　⇒講話等を通した普及啓発，育成・活動補助金
・指導者層の不足・高齢化と活動地域格差
　⇒青年層への訓練経験付与，防災士資格補助
　　かがわ自主防の指導援助（10組織調整中）

高台一時避難場所等検討計画(1)

1 目的
　30年以内に60%の確率で発生が予想される東南海・南海地震に伴う津波等に対し、一時的に避難する高台避難場所・避難ビルについて現地確認・検討し、地域の意見を踏まえ指定の有無を検討する。
2 期間・検討事項
　● 第1期：24.4.2～6.8
　　・高台避難場所現地確認・避難ビル資料収集
　● 第2期：24.6.11～8.10
　　・高台避難場所意見聴取・避難ビル意見聴取
　● 第3期：24.9.3～10.26
　　・現地確認補備、各候補地評価、指定の有無検討
　　・高台マップ(仮称)の作成ほか

高台一時避難場所等検討計画(2)

3 前提条件
　(1) 避難者は非常持ち出しリュックに最低限の日用品等を持参
　(2) 市有地又は公園・神社等公共的な場所、建物
4 指定要件
　(1) 高台一時避難場所
　　・標高：10m以上　・地積：避難者が収容できる地積
　　・進入路：高齢者、災害時要援護者が避難できる道路等
　　・ライフライン：電気、水道の使用、食料、日用品等の調達
　　・周辺に危険物等がなく、危険状態生起が小
　(2) 避難ビルの指定要件
　　・3階以上の鉄筋コンクリート建(耐震性)
　　・公共建物以外は所有者等の同意
　　・地積、進入路、ライフライン、危険性は同上

24年度その他の取り組み

1 土砂災害ハザードマップの作成
　・地域説明会 … 7月以降(県中讃土木事務所計画)
　・土砂災害特別警戒区域指定 … 県が告示
　・ハザードマップ作成作業 … 業者選定、地元説明(市計画)
　　地域の危険区域、避難場所・経路の選定、マップ作成
2 津波ハザードマップの作成
　県津波シミュレーションの実施と連動してマップ作成(業者選定)
3 坂出市災害時要援護者対策
　・連合自治会理事会における説明会 … 5/24(木)
　・地域説明会 … 6月以降講演会等で逐次実施
　・登録自主防 … 新富町、王越、与島、西大浜南
　・登録調整中 … 宮下通り、川津あけぼの、府中新宮、林田西梶・中川原ほか

意見交換テーマ

1 東日本大震災を踏まえた自衛隊・自治体の役割
　人命救助、復旧、物流拠点として期待されることは

2 BCPの観点からの施策
　・自衛隊の最大特性は、独立行動能力と実員指揮能力
　　リスク管理の考え方
　・人・物・金・建物・設備等から施策している事項ほか

3 危機管理体制整備上の施策
　・組織、教育等のあり方
　・意思決定過程における指揮・幕僚活動ほか

4 その他

8　坂出市防災女性チーム「防災131おとめ隊」

　おとめ隊は、市役所に勤務する女性職員11名で構成され、女性視点で防災対策を考える会であり、メンバーは個人意思に基づき選定し市長から委嘱状が交付され、防災業務の一環として市長に定期的な活動報告がなされる。設立の趣旨は、「日常生活、特に家庭においては女性が担っている割合が大きく、大規模な災害が昼間に起きた場合など、地域には男性が少なく、避難は女性が中心にならざるを得ない状況も想定される。また、避難所では性差によるニーズ

の違いの理解不足や、避難先での安全確保、女性だけに炊き出しを強いられること等も課題となっている。」としている。

　発足３年目であるが、地域の婦人会や学校等への協力等、その成果は予想以上に表れつつある。

設立時、私が期待したことは次のとおりである。

1　設立の背景等

　南海トラフ地震発生確率の高まりや超少子高齢化社会における防災対策のキーワードは、女性と若者である。特に、災害対策基本法改正の重要視点である住民等の円滑かつ安全な避難の確保や被災者保護対策の改善での女性の果たす役割は大きく、また男女共同参画推進の観点から、本制度をその中核的施策と位置付ける。

2　自助・共助・公助における役割と活動

(1) 家庭、自主防災組織活動等における主体的担い手としての女性目線での対策：避難所運営、避難行動要支援者対策、防災知識・意識の普及、防災訓練ほか

(2) 市災害対策本部、各部課室等における女性視点での対策：避難所運営、避難行動要支援者対策、医療救護活動、災害備蓄事業、職員訓練ほか

3　活動上の方向性・留意事項

(1) 職員の自発的活動・意見を尊重し、ボトムアップ的な手法により活動し提言に結び付ける。女性消防団「チームコスモス」は、消防行政を担うが、職員女性チームは各部・各課等の本来業務とは別に、防災に特化して活動するもの

(2) 活動を通し職員個人の実務能力向上により、本来業務処理能力の向上に繋げるとともに、勉強会、意見交換、研修等を通し個人のスキルアップを図る人材育成の場と捉える。
(3) 活動成果の報告は、市長等への定期的かつ最終報告の実施

※　1月31日をおとめ隊の日と定め、親子で参加する坂出市防災フェスタを実施しています。さかいで131カードの作成ほか、その活動成果は坂出市HPを見てね！！

9　坂出市震災対策避難防災訓練

　坂出市が主催する防災訓練は、連合自治会単位（旧小学校校区）持ち回りで実施し、市は訓練を企画運営するが、実施は担当地区内の自主防災組織等が中心となる。訓練は、南海トラフ地震発生時の初動対応について災害対策本部や関係機関の行動を現地で再現することで行政と地域の連携を理解して頂くとともに、個人や家庭、地域の行動上「自助・共助」に必要な課目に限定した住民参加型の訓練に留意している。また、他地区は研修により自己地区の防災訓練に反映できることにも配慮している。

地域が行う防災訓練は、シナリオに基づく展示型の訓練は必要ではなく、生活の延長上にある衣・食・住に必要な身近なものでよい。これに住民自らが発案工夫し、人命救助や消火活動、水防活動、避難生活上必要なもの等を努めて取り入れた。

　平成２７年度は、与島地区（離島）における避難体制を確認したが、自衛艦、海上保安艇の協力を得て香川県と合同で実施した。ここでは、従来型の訓練を紹介する。

＜坂出市震災対策避難防災訓練：林田小学校（26.11.16）＞

10　ＦＭサン「防災はじめの一歩」コーナー開設

　本事業は、防災知識意識の啓発向上や災害時に行政が行う情報発信手段として、平成２５年度から地元ラジオ局ＦＭサン（放送エリア：坂出市・宇多津町）の協力を得て、宇多津町「海ほたる」スタジオにおいて、隔週水曜日放送に職員等が生出演しているものである。平成２８年３月末までに７６回放送しており、ラジオ番組ではあるが、放送内容は You-Tube にアップし、危機監理室ホームページで紹介している。

（坂出市ＨＰより）

　坂出市では、隔週の水曜日お昼１２時７分頃から、ＦＭ－ＳＵＮで「防災ひとくちメモ」を放送しています。「防災」というと難しく構えてしまいますが、少し肩の力を抜いて気軽に防災を考えていきましょうというコンセプトのコーナーです。いざという時に役に立つのは日常の延長線上にあるものです。もしもの時に役立つ防災知識、気楽に行える防災の知恵、そして地震や台風等の話をさせてもらいますので、少しの時間だけ耳をかしてくださいね。

ここでは、私が出演した放送を紹介する。(詳しくはHP 動画参照)
◎ 2014年4月7日：防災ひとくちメモ『第２６回危機監理室長登場』

＜取材内容の要約＞
1　本コーナー開設の背景は、情報収集伝達あり方検討「災害・防災情報収集手段」県民意識調査が背景有効手段はラジオが１番（８３％）も、日常の利用手段は５番（３８％）と低い。平素の情報発信を災害時の情報伝達に繋げ、住民の防災意識・知識の啓発助長に活用することが狙い。課題は、リスナー・世代等及び反応が判らないこと。
2　防災対策のキーワードは、女性と若者、私は常々最も大切なことは防災意識と言っている。番組を通し女性・子供・若者の意識、そして男性意識に繋げる。特に、若い人は防災活動を通し、物事の考え方、見方、危険を見抜く観察力や感性を養ってほしい。
3　南海トラフ巨大地震時の津波避難について（豆知識）
　　月齢（満月・新月は干満差が大きく危険日）、潮汐（満潮時の干満差）、津波水位・浸水深とは海ほたるの標高は４．６ｍ。普段から自宅等の標高を確認する習慣を！（国土地理院 Web 地図）
※　坂出市津波ハザードマップは次回説明します。

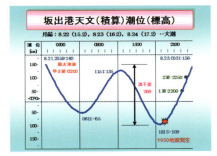

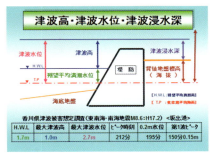

＜第26回防災ひとくちメモ＞

＜標高が判るＷｅｂ地図＞

第3章　私のコラム集

＜コラムに寄せる言葉＞

　私は、日記をつける習慣がある。この習慣は自衛隊在職時に先輩や上司から教えられてきたことだが、これまで仕事を共にした多くの同僚や後輩の皆さんにもその効用について語り、業務日誌をつけるようお願いしてきた。本著を執筆するにあたっても当時感じた事や事実関係を確認するために、過去の業務日誌を何度も読み返した。また、コラムを書く習慣についても、業務日誌をつける延長として、管理職に就く前後の頃から必要に迫られて書き始めたが、コラムを書くには題材選定に始まり、資料収集・調査力、思考力、表現力、文書校正等、最初の頃は時間がかかったが、労力以上に私自身の知識・能力向上や会話を通した人間関係の醸成等に大いに役立っている。今でも多くのコラムが誰の目にも触れないまま書棚に眠っているが、今回そのうちのいくつかを紹介することにした。

1　東日本大震災の警告～今すぐできる防災対策～

（平成23年8月）

　このコラムは、第4章の「教育委員会における防災講演会」の口述原稿である。…只今紹介のありました坂出市役所危機監理室長の高木です。本日は、教育会講演会にお招き頂きありがとうございます。また、皆様方の前でお話しさせていただく機会を与えて頂きましたことを大変光栄に存じます。先生方には、平素から防災行政に対し、深いご理解を頂き、高い防災意識のもとに避難訓練や通信訓練等を実施して頂いていますことに感謝申し上げます。本日は、防

災意識・知識の普及啓発ということで「東日本大震災の警告、今すぐできる防災対策」の演題で、特に、防災意識や地震・津波の基礎的知識について、私は、本年１月まで３７年余防衛省に勤務し、隊員の教育訓練にも従事しておりましたので、失敗が許されない実践教育に関する私なりの経験談を交えながらお話したいと思います。タイトル背景の写真は、宮城県庁です。先月、仙台市の建物被害認定調査に９日間ほど従事してきましたので、時間が許せば、その時感じたことや教訓事項等についても、写真を交えお話しさせて頂きます。どうぞ気軽にお聞きください。

　はじめは、「危機管理と私の経験則」です。危機管理の言葉は、１９６２年のキューバ危機以降使われるようになりました。従来は安全管理の概念でしたが、安全とは危険のない状態で、何もしなくても管理できることが多いのです。危機管理とは、危険状態を排除することで、危険を認知し、事態を予測し、対策立案し、実行しなければ危険は排除できません。安全管理より２・３段階踏み込んだ取り組みと実行が必要です。文部科学省は、学校の防災教育見直しで被災学校の経験や危険を予測し、回避する能力を高めることを重視しています。危険を認知するためには「意識・知識・観察力」が必要で、観察力とはただ漫然と見るのではなく、問題意識を持ち、心の目で見て裏を察することです。よく贈物を見て送主の人柄を偲ぶといわれますが、裏の裏を察することが必要です。更にもう一つ付け加えるならば「洞察力」、戦機を逃さない感性です。７月に自主防災組織リーダー研修で、防災マップづくり体験して頂きましたが、このような取り組みを地域と学校が一体となって取り組むことは有効な手段であると思います。

次に、私の経験則です。準備万端だと何もありませんが、何もしないと何かが起こります。だから、実効性ある平素の準備や訓練が重要であり、地道な取り組みを実施していれば不思議に何も起こらないし、起こっても対応可能なのです。大切なことは意識であり、私の使命は「心の防災基盤を確立すること」と考えています。また、「防災対策は人づくりである」とも考えています。以前に勤務していた京都には、世界的シェアを誇るものづくりの中小企業がたくさんあります。京都新聞にも取り上げられたユーシン精機（プラスチック取出しロボット生産世界一の会社）の女性社長さんと面談する機会がありましたが、「モノづくりは人づくりである」とのコメントが印象的で、防災対策においても同じことだと思います。

　３月１１日の震災呼名は、当初気象庁が東北太平洋沖地震と命名しましたが、その後、政府は４月１日の閣議で東日本大震災と呼ぶことを了解しました。予想を超える自然の力の凄まじさを目のあたりにして、今や地震・津波に関する調査研究・計画類の見直しやその対策が世論やマスコミの最大の関心事となっています。これまで、国や県・マスコミ・市長メール等多数の問い合わせや取材ありましたが、国民一人ひとりが高い防災意識を持つことが大切であり、このことは坂出市広報誌６月号「防災はじめの一歩」に掲載した三つの提言にあります。

　その第一は「災害は忘れる間もなく、最悪の条件下で繰り返し起こる」です。物理学者で随筆家寺田寅彦氏の警鐘「天災は忘れた頃にやってくる」や「百年後の地震に備えて」の意識では手遅れとなります。危機管理の鉄則「起きる可能性のあることは起こる。しかも最悪の条件下で起こる。」を参考に提言しました。

次に、マーフィーの法則とは英仏では「こんちきしょう・くそったれの法則」とも呼ばれている経験則です。災害の話をするとき冗談は禁句で、被災された方の心情に配慮し言葉を選ばなければなりませんが、これは自虐悲観論としての戒めです。「落としたトースト…」、「高価なもの…」、「洗車すると雨が降る」等で皆さんも何度か経験があると思います。サーッチャーの法則「準備万端でも想定外は起こる」と私の経験則は矛盾していますか？

「準備万端だと想定外にも対応できる」と解釈してください。当初、演題を「東日本大震災の警鐘」としていましたが、敢えて警告に変えました。その理由は、警告が警鐘より強い忠告で皆さんに、より強いメッセージを発信することができると考えたからです。次は、「他人任せ、待ち姿勢は日本人の特性」ということです。あなた任せの姿勢は、相手を信頼するという意味で良い面もありますが、危機管理では致命傷になります。昔話を思い出してください。鉄腕アトム、ウルトラマン、カメンライダー、水戸黄門、力道山…何か気づきませんか？力道山で笑った方は、私と同世代です。そうです！皆ハーッピーエンドで終わり、窮地に立つと正義の味方が助けてくれるのです。気持ちが爽快になった経験があるでしょう。これ以上は申しませんが、災害・危機管理ではこの意識を捨てて頂きたいと思います。日本人が作ったこの姿勢は、「信頼や和」を優先すると解釈したほうがよいでしょう。

日本人は危機管理が苦手で「危機管理は価値ある無駄」と言われたのは、浅間山荘事件で指揮をとられた佐々淳行氏ですが、日本人は認めたがらないですね？安全・安心や水は、タダで買えるという意識が抜けません。安全は国の責任と答える日本人が７割を超える

現実は、子供の教育から見直さなければなりません。防災対策も同じで、基本は「自助」「共助」なのです。

「教育と私の経験則」で参考となりそうなことを紹介します。一つ目は、教育とは心の統制（mind control）でなく、心の啓発（mind development）です。学校教育も同様で、教師は生徒の勉学意欲や環境を整え動機付けをすることが大切です。好きな先生の課目が得意になるのと同様に、自ら育む環境を整えることが大切です。「三つ叱って五つ誉、一つ教えて良い子を育てる」の格言、叱るのと怒るのは全く異なります。叱るのは相手を思う愛のムチ、怒るのは相手を憎悪感情で処理する言動で、百害あって一利なしです。自衛隊での新隊員教育等で常に心がけていたことです。

二つ目は、子供の教育は躾教育が最も大切だということです。

躾とは身を美しくすること。他人への思いやりの心や言動です。「江戸しぐさ」と「米国小1マニュアル」を紹介します。

○　江戸しぐさ：「三つ心、六つ躾、九つ言葉、文十二、理十五」は、人との付き合い方で、「人間関係は目で決まる。言葉は心」というのが根底にある江戸の商人文化です。

○　米国小1マニュアル：「皆で決めたことはいやでも我慢しよう。町でお巡りさんが困っていたら協力しよう。先生とお父さんの言うことが違っていたらお父さんの言うことを聞こう。」は、ある著書にあったものです。

今月の目安箱で、市内の小学低学年の女子児童から国や市を思いやる優しい心で考えた投書を頂きました。将来に明るい展望が開けた気持ちになり久々に嬉しく感じました。

二つ目の提言は「無関心・無知では行動できない」です。

この提言の背景となった三つの事象を紹介します。第一は、平成１９年１月５日に実施されたパンデミック対処訓練です。パンデミックとは「世界流行」、「感染爆発」という医学用語で、４年前宮崎・広島で鳥インフルエンザが流行し、英国でも七面鳥１１万羽が殺処分されました。それを受け、ＷＨＯ指導のもと訓練が行われましたが、国民・マスコミともに無関心でした。第二は、阪神大震災で、米国からの空母支援を断った事実。第三は、福島原発対応では１年前に同様想定で訓練していたにもかかわらず、事態宣言が遅れたことや米国からの冷却資材を断った事実、福島原発事故に至るまでの新事実等、いずれも政府認識の甘さが指摘されており、無知・無関心なのか？日本独特の欠陥が繰り返し露呈していることです。これらは単なる無関心や無知ですまされる問題ではなく、国家安全保障に関わる重大な問題です。世界各国は、日本の震災対応に目を皿のようにして注視しているのです。

　私の実践経験則ですが、人の成長とは問題解決能力が向上することです。まず、問題点を見つけ「聞いて・観て・調べて・分析して・決心し」行動に移す能力です。面接試験でよく「問題点は何か」と聞かれるのはこの能力を評価しているのです。そして、「聞く・話す・書く」の実務能力を電話・スピーチ・日記で向上させることが大切です。権利義務、自由責任、平等の解釈は皆さん承知の通りです。整理整頓・清掃・標示標識ですが、いずれも環境を整えることで、全ての基本です。玄関とトイレを見れば、家庭の躾が分かるように、痒ところに手が届くようになることが大切です。整理整頓ができる子は、頭の良い子の指標です。物事をジャンルごとに区分整理して理解することができるので暗記に頼らなくてよいので

す。仕事も同様で、項目ごと区分整理することができなければ仕事はできません。始末とは、末に後悔しないよう見通しをつけて始めることで、始末が悪いとは自分の災難に気付かず、途中で投げ出すことを言います。その原因は、整理整頓ができないので見通しが立たないことが多いのです。また、私の経験では、受付の態度・言葉使いで企業がわかります。仕事上色々な企業と調整することが多々ありましたが、いつも感じていました。学校教育でも学力だけでなく、このようなことを考える機会を作ることが重要だと思います。

　次は、「真実は一つでもその評価は常に二面性がある」の経験則です。政治経済、歴史、社会問題等にも通じることで、この視点が広い視野や柔軟性につながります。人の評価で、自分と他人の評価が１８０度異なる場合があります。地道に努力している人が人事評価の選考から漏れる現実に直面し、常に感じていた経験則です。以下は、失敗から学んだ私の信条・モットーで、好きな格言です。「人に勝つより人と異なれ」、「強く悩み迷うことから確信が生まれる」、「自分を愛せないものは他人も愛せない」、「経験・知識は何物にも代えがたい財産である」、「物を動かすには道具、人を動かすには哲学が必要」…最後に、「自分と相手の心の音叉が共鳴しなければ響かない」は、人間関係で最も大切な他人目線で語りかけることです。失敗学という学問は「見たくないものは見えない」という人間心理を研究することですが、「見たくないものを見る」姿勢が重要です。

　三つ目の提言は、「遵法精神・基本動作の確行は命を救う」です。地元香川で生活するようになり感じることは、中高生の躾や交通マナーがあまり良くないことです。数ヶ月の一部だけを見て判断

するのは良くないことも、多くの子供たちがそうでないことも承知していますが、皆さんは朝の挨拶や通学風景をどのように感じていますか？

　私は、近年日本人のモラルが問われる事件が多くなったことを危惧する一人です。この傾向が顕著に表面化したのが２０Ｃ末「失われた１０年」でした。この時代を振り返ってみると、安全保障では冷戦終焉、政治経済ではバブル崩壊、社会面では少年犯罪がキーワードとなった時期で、日本全体が大人も子供も倫理を喪失しました。大人達の自信喪失が教育の荒廃を生んだのです。教育の究極の目的は、自立した人間を養成することで、人の価値は自立と個性にあると思います。災害面では、スライドのとおり災害事故が多発し、２１Ｃが危機管理の時代に突入したことを印象付けました。特に、意識や心の持ち方が生死を左右することを再認識することが重要であるため、本提言を取り上げました。

　１９９５年に朝鮮半島の安全保障上の危機があったように、今回も中国の尖閣を初めとする挑発行為は活発化しており、国難の時代といわれる所以は安全保障にあるわけです。国家安全保障は、最高の危機管理といわれています。米国の危機管理体制について、米国は敵のミサイル攻撃に対し数分で報復できる防衛システムと情報ネットワークを持ち、主要各国とのホットラインを持っていますが、日米安全保障体制下にある日本の首相との間にはありません。情報面ではトップの決断に際し、外交情報のみでは判断せず、日本にはないセカンドソースからの情報が重要な判断要素となっているということです。エシュロンという衛星通信から世界中の情報を収集することが可能です。情報とは、情（心）を報ずることで情報資料を

分析したものです。「情報を制する者は世界を制する」と言われるほど、人望ある人に人と情報は集まり、正しい判断が可能となるのです。諜報に踊らされる裸の王様になってはいけません。

　最後は、防災対応の合言葉「想定外を流行語にしてはならない。地域で守る坂出市」です。今回の震災では、国、自治体、東電、専門家等々、地震津波で発生した各種事象や被害規模に関し口を揃えて「想定外」を連発しました。日本人の誰もが７年前のスマトラ島で発生した大津波が我身に降りかかるとは予想しなかったでしょう。想定外に対応するのが危機管理である事は理解できても実行するのは大変難しいことです。私たちは、再度「最悪想定・悲観的に準備し、楽観的に対処する」の原則を、また「種の起源」を説いたダーウインやドイツの宰相ビスマルクの名言を再認識する必要があります。

　訓練に関しては「プロの技」（次項で紹介）「守・破・離」について申し述べたいと思います。人の成長過程は、基本基礎を守って、破って、一人前のプロになること。勉強や習い事に年齢は関係ありませんので、皆さんも実践し子供さんやお孫さんにも教えてあげてください。先程２１Ｃが危機管理の時代に突入したことを述べましたが、それは戦争の世紀から見えない敵、テロ・災害・感染症との戦いへ移行したということです。今世紀は「何時・何処で何が起こっても不思議でない時代」であり、このような時代に求められるのは環境適応能力です。二人の先人は、スライドのような有名な言葉を残しその重要性を示唆しています。

　次に、災害後の生死転換点は７２ｈ、「公助」に至るまでには時間がかかることから、「自助・共助」が基本であることを理解する

ことが行動を促します。自衛隊が期待されることはありがたいことですが、自衛官はスーパーマンではありません。有事に失敗は許されませんが、失敗もあるということです。自治体・消防・警察も同様です。

　これまでは意識のことについてお話しましたが、ここからは地震・津波ほかの知識、防災計画、防災対策についてお話します。

　「敵を知り己を知れば、百戦危うからず」の格言は、中国春秋時代の武将孫武が「孫子の兵法」として残しました。要約すると、敵（災害）に勝つには災害と我と土俵を知れということです。

　日本の地理風土は、四面環海、山紫水明、四季折々の気候と食文化に恵まれた美しい自然を持っていますが、災害に関しては画面のとおり、地震・火山と異常気象に脆弱な特性を有しています。

　地震のメカニズムですが、地震や火山活動は地球を取り巻く十数枚のプレートが互いに動き合い、境界付近で活発に活動するため発生します。日本列島には４枚のプレートが存在し、世界有数の変動帯に位置しています。地震周期は、海溝型が１００〜２００年、内陸直下型が千年〜数万年と言われています。千・万年周期なら大丈夫と思ってはいけません。阪神大震災は、千年周期がやってきたもので、万年目が明日やってくるのです。最近では、未活断層が割れ、各地で地震が起きているのも現実です。日本には、地震の起こらない所はないといって過言ではありません。まさにマーフィーの法則どおりです。地震による液状化は、新潟地震で注目されるようになり、今回の地震でも浦安市や東京近郊でも顕著に現れました。坂出市は、塩田跡地に番の洲・林田工業地帯等が造成されており、液状化は避けられません。スロッシング現象とは、３〜１５秒のや

や長周期地震動が貯水タンク内の液体や建築物と共振を起こす現象で、語源はパチャパチャ跳ね回ると言う意味です。キラーパルスとは、１～２秒のやや短周期地震動で、木造建を全壊させます。２００７年能登地震以降使われるようになりましたが、阪神大震災の木造家屋は殆どがキラーパルスによるものでした。２００８年未確認断層の破壊で起こった岩手宮城地震では震度６強にもかかわらず、木造全壊がなかったのはキラーパルスが発生しなかったためと言われています。地震加速度は阪神より大きかったため、山体崩壊が起こり津波が発生しました。

　次は、津波の知識です。自然の力を甘く見てはいけません。

　５０㎝の津波でも大人が流されます。地盤沈下も考慮する必要があります。スマトラやチリ地震は遠地地震と呼ばれ、津波で甚大な被害をもたらしました。津波の伝播速度は、ジェット機並の速度でやって来ます。チリ地震では２２時間後日本にやって来ました。１８９６年の明治三陸沖地震はＭ８．５でしたが、震度は２～３でした。３０分後当時観測史上最高の遡上高３８．２ｍの津波を記録しました。このような地震は、津波地震・ヌルヌル地震と呼ばれ予報の泣き所となっています。画面は、いずれも山体崩壊で発生した津波で、被害をもたらし、海からだけでない事を認識することも必要です。また、津波による流木等の影響で火災を呼ぶ事の認識は大変重要です。次の画面は、東海、東南海、南海地震の発生歴史をまとめたものですが、これを見ると長くても２６０年、ほぼ１００～２００年で２連動・３連動型で発生していることがわかります。海溝プレートは１年で数ｃｍ潜ると言われており、現在東海沖の歪は安政以来１４７年間蓄積され限界に来ています。東南海・南海に関し

ても１９４４年の昭和地震以降９０年間発生しておらず、東海地震に連動して３連動での発生が高く、日向灘と併せ４連動もあり得るという指摘もあります。

　３連動の場合は宝永並といわれており、インターネットでも「２０１２年地球滅亡終末予言大検証」や東海地震シュミレーションＤＶＤを見ることができます。市長メールで、台湾沖に到る５連動もあるとの指摘も頂きました。津波高さ・津波水位・津波浸水深との関係は、画面のとおりです。間違いやすく、潮位によって数値が変わってきますので、新聞等を読む時の参考にしてください。詳しくは、市広報誌８月号に掲載しています。香川県の会議で用語の定義や条件を明示すること、地盤沈下や液状化に対する研究検証後の再評価についても提言してきたところです。

　次に、今すぐできる防災対策について再度確認します。頭の中で復唱し、確認してください。心構えは、「明日起きる地震に備えて自助・共助」ドンときたら落ち着いて行動、非常持出し袋や備蓄品は準備していますか？警笛とライトは、命綱ですので必ず身につけておきましょう。家の健康診断と家具の固定等の耐震処置を講じておきましょう。家庭で実施する応急処置を身につけておきましょう。普段から地震が起きたときの役割分担や避難場所、避難経路、待ち合わせ場所等を確認しておきましょう。

　携帯メールを使っていますか？普段から家族内でメール交換し使い慣れておきましょう。非常情報配信サービス登録はしていますか？高松地方気象台から各種災害情報のメールが送られてきます。確認することで心と行動準備が可能となり、落ち着いて行動することができます。役立つロープワークでは「巻き結び」、「もやいむす

び」（命綱）は、畑仕事にも役立ちますので是非覚えてください。
次に、坂出市では平成１７年から子供読書活動推進計画を策定し、読書活動を推進するため様々な取り組みをしています。読書は、知識を得ること以上に創造力を養成する手段として極めて有効です。９０年代に神戸小・池田小事件、ホームレス襲撃事件はじめ、少年犯罪やキレル子・学級崩壊が社会問題化しました。その背景には、先を考えて行動する習慣の欠如がありました。彼らはナイフで刺したらどうなるか考えず行動に走ったもので、そのことをキレルという言葉で表現したに過ぎません。お伽話や昔話を聞せると、創造力が働きキレル感情をコントロールすることができます。子供の躾や育て方が如何に大切か、痛感させられた時代でした。命の大切さを教えることについて、「ライ麦の根毛長さは、シベリア鉄道１．１万km張りめぐらしている」ことや「人は生きているだけで価値がある」ことを問いかけてみてください。子供は、一生懸命生きる親の背中を見て育つと言われますが、「知ることの深さは愛することへの道」であり、子供たちの心の変化に関心を持ち、いつも見守っているという安心感を与えることが大切です。

　最後は、どんな名言、優れた計画・施策や施設も実行・利用しなければ宝の持ち腐れです。知事とは「知識を事に移し、決断する人」の意味です。実行しないのは知らないことと同じです。防災対策で最も重要な事は、防災意識、平時の訓練と準備、そして有事の行動が大切です。最後は、自身の「心構えと実行力」なのです。

2　防災危機管理と市役所所勤務について（平成 26 年 4 月）

(1) 防災危機管理と対応の心構え

　　防災と防衛の考え方は全く同じで「自助・共助」を基本とするものですが、安全保障と同様に安全や安心は与えられるもの、何もしなくても得られるという意識が日本人の心底にあることは否定できません。阪神大震災で自主防災組織活動の重要性が叫ばれ、意識改革されたはずでしたが、東日本大震災では個人意識の差が犠牲者数に大きく影響しました。国は、これまでの「防災は国・県・市が行うもの」という考えでは大規模広域災害に対応できず、自助・共助なくして人命は守れないということを災害対策基本法に明記しました。危機管理とは危険状態を排除することですが、与えられた安全では危険に気付きませんし、安全と危険は常に隣り合わせにあるという認識がなければ行動にも繋がりません。以上が危機監理室の最重要事項としてお願いしていることです。

(2) 市役所と自衛隊勤務との違いについて

　　職員は地方公務員ですので職域の差はありますが、身分や地位役割に基本的な差異はありません。違いの一つは、組織です。自衛隊は、幕僚組織を持ち指揮命令系統が明確で、組織で仕事をするのが特徴ですが、市役所は職務系統のみで幕僚組織がありませんので、職員の役割や責任はより重いという側面はあります。法令・条例に基づく事務や窓口業務には適していますが、定型様式がない防災危機管理の様な業務は、縦割の弊害で横断的連携に欠け、判断が遅れたりチェック漏れが生じたりします。

　　また、行政は効率性を追求する選択と集中はあっても、戦術の大

原則である予備の概念が極めて希薄です。二つ目は、仕事の対象と服務指導です。自衛隊は、有事任務を基本とした隊員の教育訓練が主ですので、隊員には家族以上の運命共同体としての指導が求められますが、市役所は老若男女を問わず信条思想、宗教、教育等環境の全く異なる住民を対象とした業務が主であることから、仕事の進め方、判断基準や対応が異なります。

　また、職員指導に関しては、勤務成績等の通知時にフィードバック（面談）する程度であり、服務指導という概念は薄い印象があります。個人を知ることは指導の第一歩ですが、個人情報の制約で職務以外は介入できません。その他、責任、権限等に違いや制約はありますが、自衛隊での経験や自己信念を貫くことこそ、私に期待されていることであると考えています。

3　建設業界と防災について（平成27年6月）
(1) 建設業界の変遷と現状・問題点

　建設業界は、戦後復興から高度成長期にかけて国土・まちづくりの歴史とともに時代の要請に合わせ発展し、建設機資材や施工管理等及び人材も育成されてきたが、バブル崩壊以降長期にわたり建設関連予算は減少し続け公共投資に対する国民的コンセンサスも得られない時期が継続した。その結果、建設業界から急速に人材が流出したばかりでなく、今後はこれまで蓄積された技術やノウハウまで失う恐れがある。このことは、東日本大震災で表面化し、復興予算の約4割が執行されていない要因の一つともなっている。国は、国土強靱化基本計画で今後加速度的に一斉に老朽化するインフラの維持管理・更新を確実に実施することを謳っているが、香川県建設業

協会では従来の公共資本整備時代から、今後はインフラ維持管理が主流となり大規模災害に対応できない可能性があることを危惧しているのが現状である。

(2) 南海トラフ地震における建設業界の役割と対応

　香川県は、南海トラフ地震発生時には四国の地域継続の観点から後方支援拠点としての役割が求められており、建設業界は人命救助段階から応急対策業務、復旧復興に至るまで広範多岐にわたる防災対策実行面の中心的役割を担う存在である。本市は、坂出市建設業協会ほか、トラック協会坂出支部、㈱T-WORKS、アクティオ㈱、讃岐リース㈱等の関連業界とも協定を締結しており、災害発生時には協定に基づき対応することになるが、大規模災害発生時には広域にわたる多種・膨大な災害所要に対し建設業界の能力を遥かに超える要請が集中することから、場当たり的に対応するのでは機能せず、特に初動段階で対応を誤ると人命にかかわる重大危機に陥ることになる。従って、平素から顔の見える関係を構築し、訓練等を通して現状・問題点等を共有し、作業担任、優先順位、突発事案対応等についても国・県、自衛隊等と調整しておく必要がある。

　現在、香川地域継続検討協議会において、四国地方整備局、四国運輸局、香川県、香川大学が中心に１７市町や建設業協会他が参加する形で、香川ＤＣＰアクションプランを作成しているが、今後このような取組みが重要となってくる。

4　プロの技（平成 15 年 8 月）

　「踊る阿呆に見る阿呆、同じ阿呆なら踊らな損々！！」有名な阿波踊りの歌い文句。今から数年前、招待を受け徳島の阿波踊りに行った。見る前には盗人踊りとも言われる踊りを一晩中見ても飽きてしまうのではないかと内心思いながら席に着いた。そこには毎年この時期に徳島の人口が 2 倍に増えると言われる伝統行事のすばらしさがあった。選抜された阿呆連他数個のプロの集団が一般の選抜集団にまじり軽やかに踊っていた。手先から足元、顔の表情に至るまでしなやかで絶えることのない動きと一瞬の静、その繊細な女踊りと躍動感ある男踊り、集団のパワーと統一の美、どれをとっても芸術とも言える踊りに深い感銘を受けた。やはりプロの技は、何時間見ても飽きない。いや飽きさせないといった方が適切であろう。私は、入校学生に対する精神教育で、何時も「心技体が一致するプロになれ」と教えている。

　プロとは、高度な知識や技術を有することのほか、難しいことを簡単に、易しいことをより簡単に、美しくこなすことである。そこに至るまでには血の滲むほどの反覆訓練があって初めて着実性や確実性が身についているはずである。また、プロにはいるだけで全てに影響を及ぼす存在感がある。このことは徳島の阿波踊りを見て感じたことであった。我々自衛官の存在意義は、滅私奉公の心を持ったプロの技を平素の教育訓練を通じ身に着けることではないでしょうか。

5　問題解決能力（平成13年10月）

　皆さんが日常生活や業務で問題に直面した時、どのように考え行動しているでしょうか。やさしく簡単な問題であれば無意識に行動していますが、問題が複雑で難解であればあるほど多くの人の助けが必要で悩むところだと思います。この問題解決能力こそ人が成長し大人になることであり、真の能力であると評価できるのではないでしょうか。問題解決のキーワードは、「聞く・見る・調べる・様々な角度から考える・決める」そして行動、これはまさしく戦術の思考過程です。結果の良否は、それぞれの過程でいかにより深く、より広く考え分析できるかにかかっています。ここで大切なことは、「常に物事の原点に立ち返り常識判断する」ということです。このことが誤解されやすい例の一つに倫理規程がありますが、倫理規程はお中元・お歳暮や最も大切な人との付き合いまでにも制限を加えたのです。そうせざるを得なかった昨今の日本、大人の躾？何が欠けているのか今一度、まずは大人が真剣に、冷静に見つめ直す必要があるのではないでしょうか。

　倫理規定の本来目的は、これらの行為を通じて贈収賄等の犯罪行為を防止することであり、人間関係の醸成までも否定したものではないはずです。逆に言えば、規定に違反しない行為であっても野心あれば違反すると解釈できるでしょう。振り返って問題を解決する上で重要なことは物事を常に常識的に見ること。そして、常識を身に着けるよう見識を磨き経験を積むことなのです。

6　指揮官の仕事（平成15年1月）

　早いもので、第10施設大隊長兼春日井駐屯司令として着任以来、本年3月で2年となります。この間、私なりのやり方・考え方で仕事してきたことを通じ、指揮官の仕事を紹介したいと思います。郷友連盟春日井支部「郷友」の皆様は旧軍や自衛隊OBの方が多く、私にとっては人生の大先輩であり、中には指揮官や企業のトップ・要職を経験された方等様々で、ご自身の指揮官像、管理者像を持っておられることでしょう。私流のやり方・考え方を書いたところで得るものはないかもしれませんが、自衛隊現職の考えや性格を知ることは、本人の良し悪しは別問題として、意義あることではないでしょうか。何故なら、日本有事や各種災害が発生した時、国民の生命・財産を守る責任や任務を負う指揮官が下す判断は、国益を左右することがあるからです。逆に現職の我々自身の意識もそうあるべきと考えるからです。

　私が考える指揮官像とは部隊を指揮統率する立場から、隊務全てに責任を負うのは当然ですが、管理者として組織を健全な状態に維持し、教育者として人（部下）を育てる義務があるということです。指揮官は、部下が生死をかけるに足りる人物でなければならない。ある意味で格好いいスターやヒーローの側面も有していますが、人間の本能として持っている百八つの煩悩があるのも事実です。これらを断ち切って国のため、部隊や部下のため働くことなどできるはずがありません。そこで、私は自分を殺さず、喜怒哀楽を有したあるがままの姿でよいと結論付けました。わがままでも、部下が持ち上げることに甘えてもよい、これらを素直に受け入れることで、部下目線に立った仕事ができるのではないかと考えていま

す。指揮官が気分がよいと、まわりが明るくなり仕事の効率は良くなるものです。

　本稿タイトルの「指揮官の仕事」は一言でいうと「決心すること」です。何を決心するのか？答えは無数で、毎日毎時が決心の連続と言ってよいでしょう。決裁や報告事項等「了解＝決心」なのです。部下の実施した仕事を追認さえすれば決心しなくても務まりますが、仕事すれば必ず何故そう結論付けたのかという理由があります。了解するとは、理由を確認し判断するという行為が行われているということです。この行為が行われていないときは、決心していないということと解釈できます。「馬鹿な指揮官敵より怖い」という格言があるように、決心しない指揮官は只の飾りでしかないのです。決心するということは、部下の仕事を評価し、自己の考えややり方があっていなければ、指導し納得させるのです。これらを全ての隊務で実施することは物理的に無理ですので、部下に任せるべきことと自ら実施すべきことを精選しますが、指導が少ないほど私の意図を理解していると判断できます。最近やっと私の意図を対してくれることが多くなり、自ら納得しております。ここまでに至るには何もせずなることはありません。また、平素の仕事を通じ養った状況判断能力が有事行かされると考えています。私は、着任時要望事項、隊務の考え方とその解説書を配布し、あらゆる機会を通し発信し続けました。気まずい人間関係とは関係なく、言うべきことは主張し謝るべきことは謝り、自らに正直であることに心がけました。

　また、階級に関係なくたとえ新隊員であっても一個人として人間性を尊重する気持ちを忘れないことを心の隅に置きました。人は感

情の動物であり、初対面でも一言が心の琴線に触れたとき相手の素性を敏感に感じ取るものです。私は、指導の過程で叱ったときフォローを忘れないことを心がけました。人を育てる観点で、誉めることと叱ることはどちらも大切であり、私自身の中に「部下は間違いを犯すもの」というという考えが根底にありますから、少々のことでは叱りませんが、叱るときの尺度は「仕事上の職務怠慢があり何度も繰り返したとき」、「一般社会人としての常識を大きく逸脱したとき」、「人の恩や信頼を裏切ったとき」であったと思います。また、私が常々言っていることは、目標や人生設計を持つことのほか、人は何のために生きているのかといった人生観を持つことが大切であること。人生は地位・階級や財産の大小でなく、いかに自らが納得できる仕事や生き方をしたかであり、家族のため上を目指すことに努力せよと言っています。

次に、指揮官にしかできない仕事です。第一は、大事故等が発生したとき、部下の犯した責任は指揮官にしか取れないということです。第二は、指揮官訓話は部下に起案させ指導することを含め努めて自ら手掛けること。そして、信賞必罰は自ら確認し評価したことを自らの言葉で与えました。これらのことが私の考えを部下に発信する有効な手段と考えたからです。最後に、私が嬉しかったことを紹介して終わります。今年度の監察アンケートで、大隊長の考えや意図を理解しているかという質問に対し、9割を超える隊員が理解している又は理解しようとしているという結果が出たことです。これまで指揮官としてやってきたことが報われた気持ちになりました。このことを素直に喜びたいと思います。

私の指揮官としての考えや性格の一端が少しでも理解できたでし

ょうか。今後とも、私共に対する皆様方のご指導をお願い申し上げて、筆を納めます。
※　郷友とは、「郷土（ふるさと）を愛し、絆を大切にし、國を想う」友（なかま）の集い内外の情勢を明らかにし、国防思想の普及をはかり、英霊の慰霊・顕彰を行うとともに光栄ある歴史及び伝統を継承助長し、もってわが国の発展に寄与することを目的とする防衛庁所管の公益法人として、昭和３１年１０月以来活動を続け、平成２４年４月１日から一般社団法人日本郷友連盟として活動を継続している。

7　武力攻撃事態対処法・国民保護法について（平成23年3月）

　国家安全保障は、最高の危機管理であることから自衛官は危機管理のエキスパートと言われている。４月から自衛隊ＯＢの看板を背負って坂出市の危機管理を預かる責任者として国民保護措置を担任するには、その法的根拠となる武力攻撃事態対処法成立の経緯を再確認しておく必要がある。

　有事法制とは、わが国に対する外部からの武力攻撃に際し、自衛隊が文民統制の下で適切に対処するため防衛態勢を整備すること目的とした法制である。日本においては憲法９条で戦争を放棄しているため、憲法上非常事態権の保有すら明記していない。このため、有事法制の根拠は公共の福祉に置かれており、国家緊急権思想の中から生まれた非常事態法の一つである。１９６４年の三矢研究以来の懸案で法整備は事実上凍結状態となっていたが、２００１年９．１１米国同時多発テロや同年１２月の九州南西海域北朝鮮不審船事案を契機にテロという新たな脅威に対する不安の高まりを受け、２

２００３年６月に有事関連三法、武力攻撃事態対処法、安全保障会議設置法の一部改正法、自衛隊法の一部改正法が成立した。成立までは、複雑に交錯連動する事態に周辺事態安全確保法、テロ対策特別措置法、災害対策基本法、有事関連法案等個別法で対応せざるを得なく境界・整合性に不都合が生じていたが、翌年６月に国民保護法が成立したことにより国・地方自治体、企業等が密接な連携の下、緊急事態（危機）に対処することができるようになった。

　国民保護法は、武力攻撃事態等における国民保護のための措置を的確かつ迅速に実施することを目的とし、国の基本方針及び国、指定行政機関、都道府県、市町村、指定公共機関等の所掌、住民の非難に関する措置などを定めたものである。地方公共団体の責務は、災害対策基本法において地方自治事務として実施するのに対し、国民保護法では法定受託事務として実施することが明記されている。国民保護、災害対応は実行面において境界はなく、住民・地域組織、関係防災機関・団体、大学、企業等が密接に連携をとりつつ対処することになる。従って、防災に携わる者一人ひとりが平素から「自助・共助・公助」の理念のもとに、連携協同してそれぞれの役割を果たさなければならない。

　日本観測史上最大の巨大地震となった東北地方太平洋地震と大津波による被害対処は、応急復興段階途上で福島原発対処と相俟って多くの傷跡と教訓を残した。今まさに災害対応と国民保護措置を同時に実施するという日本の危機管理対応を全世界が注目しているところでもあり、危機管理に携わる者としてこのことを肝に銘じることが大切である。

8　狙われたら防げない今どきの情報セキュリティ事情に思う
(平成 26 年 8 月)

　本市は、各課業務の多岐にわたって情報システムが利用されており、災害時・平常時ともに情報システムの稼働維持が業務継続の重要な要素となっている。南海トラフ地震発生時の長期停電、庁内ＬＡＮやサーバー等機器障害やネットワーク断線に対する早期復旧体制を担保しておく必要がある他、平常時の情報セキュリティ対策は、危機監理室の重要な業務の一つである。情報セキュリティとは、国際標準化機構（ISO）と国際電気標準会議（IEC）が共同策定した企業等における情報セキュリティマネジメントシステムの仕様を定めた規格により、情報の機密性、完全性、可用性を維持することと定義されているが、職員を含めこれらの用語や仕組みを理解している人はどれだけいるだろうか。セキュリティ対策は、本市でも毎年専門家を講師に招き職員研修を実施しているが、各種事案の経緯やその手口は巧妙になっており、対策には高度な技術が要求される。対策は保険を掛けるのと同じで、平常状態に高額な対策費用を投じることの必要性を理解することが必要であり、職員個人が決められたことを愚直に実行する姿勢や法令や規則を遵守する倫理が問われている。何の対策も講じず、情報漏洩や攻撃の標的になると、復旧するには多大の労力と費用がかかるのみでなく、責任や信用問題に発展する。

　日経ビジネス雑誌のキーパーソンに聞くというコラムを読み、防災対応上の視点として戒めるべき事項が多くあると感じた。一点目は、「超高度情報化社会に対する警鐘」について、情報資料の複雑多様化・平等化と受ける側の情報分析・情報価値に加え、空間・時

間軸や世代間格差を超えた新たな問題が提起されており、仕事面や生活面において利便性・効率性等を追求する余り取り扱う人の倫理や社会犯罪への波及などが取り沙汰されている。特に、スマートフォンの普及で利用者の低年齢化が子供達のいじめや自殺、犯罪に繋がっていることは憂慮すべき問題であろう。二点目は、「拒否すれば前に進めない矛盾だらけの現実を受け入れざるを得ない葛藤」について、特に人事面で考えさせられることがあった。

標的型攻撃か分からない状態で送られてきた職務メールを開かなかった人・開いた人ではどちらの評価が高いのであろうか。

開かない理由には「危険と予測した」、「多忙で気付かなかった」、「無関心・操作不能等」が、開いた理由には「危険と予測せず」、「多忙で考える暇がなかった」、「無関心等」が考えられるが、セキュリティ面を除けば開かない方に問題が多いと言わざるを得ない。何もしない人が評価される事はないが、職務に忠実で実行力ある人が低い評価となるのも現実である。これまでの職務経験を通して多くの人事上の矛盾を見てきた。「真実は一つでもその評価は二面性がある」の再認識については、理不尽な事に遭遇したとき、常に自分に言い聞かせている言葉でもある。物の見方や事象に対する捉え方は、その人の育った環境や境遇、人間関係、知識・意識によって異なり、同じものを見ても感じ方や見解は人の数だけあるということである。このことが防災対応において、繰り返し伝えることや情報共有の大切さに繋がっているという事でもある。

9　防衛大学校体操部大車輪～４２年前を偲ぶ～（平成 27 年 5 月）

　本年３月末、小田原で高校教師をしている息子に母校を紹介するため、３８年ぶりに防衛大学校を訪問し、弟橘媛が合祀されている走水神社に参拝してきました。走水の地には、東征中の日本武尊が走水から上総へ向かう際に海神の怒りを鎮め、航海の安全を図るため弟橘媛が入水したという伝説が伝えられています。

　日本武尊は、父景行天皇から熊襲・出雲に続き東国征伐を命ぜられたとき、叔母の倭姫命から草薙剣を授けられますが、織田信長が草薙剣をご神体とする熱田神宮を武運長久の神として篤く崇拝したことや走水神社には乃木将軍や東郷元帥が参拝した記録も残されており、まさに防人の神と言えるでしょう。最後の地は、故郷と国を讃える歌を詠んだ能煩野となりましたが、棺に衣を残し白鳥となって飛び立ったと言われています。舞い降りた地は、白鳥陵として、また、各地には日本武尊にまつわる民話や地名が語り継がれています。私は、防衛省退官後香川県坂出市の防災を担当し５年目となります。市役所勤務や防災講演会では自衛隊での経験を生かし、平素の準備、訓練に対する心構えや基本・基礎、住民防災意識の重要性等を繰り返し訴えております。

　東日本大震災教訓の一つに全国各地に残る災害史や言い伝え等を生かすことがありますが、「自助・共助」を基本とする防災と防衛の考え方は全く同じで、日本人の心や行動の在り方を形作った日本古来の伝統文化や歴史を知ることに通じると思います。冒頭述べた日本武尊伝説は、坂出にも「悪魚退治」の民話として残っています。主人公は武勇に優れた武殻王で、父日本武尊の進言により四国沖に出没する大魚を退治し、景行天皇から讃岐の地を与えられ「讃

留霊王」となります。地元では讃王さんと呼ばれ親しまれており、八十場の清水は大魚に呑みこまれた兵士８０人が飲み蘇ったこと等、様々な伝説や地名が残っています。

　また、白峰神宮には保元の乱で讃岐に流された崇徳天皇が祭られており、昨年は没後８５０年の各種行事や京都金剛流能楽公演「松山天狗」が上演されました。私は、２月に参加した天狗マラソンの選手宣誓で皇紀年を使いましたが、このことを理解した人がどれだけいるか心配です。地元の宣伝話となり恐縮ですが、細部を知りたい方は坂出市ホームページを参照してください。

　最後に、皆さんに伝えたいことは防衛大学校や自衛隊勤務で経験したことや学んだことは必ず第２・３の職場でも役立つということ、むしろ評価され必要とされているということです。自衛隊は今後も危機管理のプロを排出し続けるでしょう。若い現役の皆さんは自衛隊員であることに誇りと将来に希望をもって任務を全うしてください。防大体操部関係者、現役及びＯＢ会員皆様の今後益々のご発展・活躍、ご健康を心より祈念申し上げ筆を収めます。

＜坂出市ホームページ：坂出の民話「悪魚退治」より＞

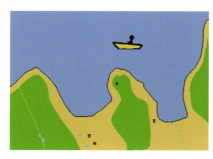

　むかしむかし、坂出の町が海の中で、江尻や福江のあたりまで波が打ち寄せていた頃の話です。…

＜坂出市王越町海岸要図＞

＜坂出の民話「悪魚退治」と讃留霊王伝説＞

　西暦９２年頃、土佐の海に大魚が船や人を飲み込み暴れていました。第十二代景行天皇から悪魚退治を命じられた皇子日本武尊は、息子武殻王（第五子、母は吉備武彦の娘穴戸武媛）にその役目を進勅します。武殻王は、王越沖に現れた大魚を退治するため金山の大木で船を作り、８０人の兵士を集めて戦います。軍船は、大魚に飲み込まれ兵士は毒気でぐったりする中、武殻王は松明で火をたき大魚の腹を切り裂いて脱出します。半死半生の兵士は、横津大明神の子が差し出した水を飲んで元気を取り戻し、大魚の死骸は坂出高校（頭）～福江（腹）～江尻（尾）に流れ着き、魚御堂を建て供養しました。清水が出た場所は、兵士８０人が蘇ったということで八十場（八十蘇）の清水と名付けられました。坂出高校には魚御堂があり、現在福江町・江尻町も民話にまつわる地名です。景行天皇に大魚退治を認められた武殻王は、讃岐の土地を与えられ、讃留霊王（讃岐に留まる霊王）となり、晩年城山の館から放った矢が突きたった場所（飯山町西尾）に館を移しました。讃留霊王神社境内裏の古墳は、今も地元の人々に崇められています。神社の参道は東方に向いており、３００ｍに「矢塚」、東には東かがわ市の白鳥神社（武殻王が建立）が、更に東方には堺市の大鳥大社、天照大御神を祀る伊勢神宮、草薙神剣を祀る熱田神宮、弟橘媛を祭る走水神社があります。

※　なお、本民話は、第４章「私の防災講演ＰＰ資料集」中央地区婦人会防災講話（平成27年3月）中の写真と連動しています。

第4章　私の防災講演ＰＰ資料集

5年間の市役所勤務で依頼された防災訓練、講演会等は、市内のみでなく県内外からも多く寄せられ、「危機監理室のあゆみ（私記録）」では３２４回（年平均６５回）を数えた。自治会、自主防災組織等や企業、学校、各種機関・団体、自治体等、その対象も様々で危機監理室として対応したが、ここでは、そのうち私が実施した代表的な講演会での資料を抜粋して紹介する。（これまでの資料や講演会での同資料は省略）

1　教育委員会における防災講演（平成23年8月）

教育と私の経験則－①

- 教育とは、 mind control（心の統制・強制）でなく development（啓発・発達・進展）である ⇒ 環境づくり
  - 経験則：「三つ叱って五つ誉め一つ教えて良い子を育てる」

- 子供教育とは、 人の痛みがわかる心と躾が大切
  - 躾とは：身を美しくすること‥他人への思いやり・言動
  - 江戸しぐさ：人間関係は目、言葉は心が根底（付き合い方）「三つ心」「六つ躾」「九つ言葉」「文十二」「理十五」
  - 米小1マニュアル：米国の躾教育（奉公精神）
    ① 皆で決めたことはいやでも我慢しよう。
    ② 町でお返りさんが困っていたら協力しよう。
    ③ 先生とお父さんの言うことが違っていたら‥

防災意識・三つの提言

「無関心・無知では行動できない」

① パンデミック対処訓練（19.1.5）‥ 他人事・無関心？
    今世紀人類最大の課題は「地球温暖化とパンデミック」
② 村山政権の阪神大震災対応‥ 政治優先・無知？
    米原子力空母支援断る（乗員5000・医師20人・病院完備）
③ 福島原発初動対応遅れ‥ 無関心・政治優先？
    昨年原子力防災訓練生かされず（事態宣言・冷却資料）
    各国が日本の安全保障対応を注視 中国人ﾊﾟｲﾗは3万？

教育と私の経験則－②

- 私の実践経験則 ⇒ 仕事の実践評価・考え方
  - 成長とは問題解決能力の向上‥戦術（決心）の思考過程
  - 実務能力の向上：「聞く・話す・書く」は電話・スピーチ・日記で
  - 権利・義務、自由と責任は表裏一体‥一方主張は未成熟
  - 真の平等とは‥ 努力したものが報われる「機会の平等」

- 整理整頓、清掃、標示標識 ⇒ 環境の整備
  - 玄関とトイレを見れば家庭の躾がわかる
  - 始末とは末に後悔しないよう見通しをつけて始めること：悪い人は途中で投げ出す ⇒ 整理整頓できず見通し不可
  - 経験則：受付の態度・言葉使いで企業がわかる（評価）

▼▼▼▼▼▼▼▼▼▼▼▼▼▼▼▼▼▼▼
討論会・スピーチ・発表会・躾習慣‥ 経験機会を設定

教育と私の経験則－③

- 真実は一つでもその評価は常に二面性がある
  - 祥伝社100文字書評：貴重な資料として活用の礼状
  - 私の経験則：自分が良（悪）くても誰かが悪（良）く評価

- 私の信条・モットー‥ 失敗から学ぶ
  - 人に勝つより人と異なれ
  - 強く悩み迷うことから確信が生まれる
  - 自分を愛せないものは他人も愛せない
  - 経験・知識は何物にも代えがたい財産である
  - 物を動かすには道具、人を動かすには哲学が必要
  - 自分と相手の心の音叉が共鳴しなければ響かない
  - 人は一言が心の琴線に‥ 「指揮官の仕事」より

▼▼▼▼▼▼▼▼▼▼▼▼▼▼▼▼▼▼▼
見たくないものを見る努力（聞く・考える）が必要

防災意識・三つの提言

「遵法精神・基本動作の確行は命を救う」

① 20C末：「失われた10年」 大人・子供も倫理喪失
    - 冷戦終焉（'89）・湾岸戦争（'91）同時多発テロ（'01）
    - 経済摩擦"バブル"崩壊・金融経済・船団崩壊・リーマンショック
    - 少年犯罪、学級崩壊・ｷﾚﾙ・ﾓﾗﾄﾘｱﾑ）が社会問題化
    ⇒ 大人の自信喪失が教育の荒廃を生む!?
② 21C：災害多発時代、危機管理の時代に突入
    - 転機1995年：阪神・オウム・朝鮮半島危機・もんじゅ
    - 米国は大人の危機管理‥情報（ホットライン・セカンドソース）

雑談一口メモ－②

- 米国は大人の危機管理・安全保障・情報ﾈｯﾄﾜｰｸ
  - 米大統領は敵ｼｻｲﾙ体攻撃後2分でﾎﾞﾀﾝ押すことが可能
  - 準備、訓練された24h体制のｽﾀｯﾌとｼｽﾃﾑを持つ

- ホットライン（露・英・仏・加）
  1962年キューバ核危機で設置も日本にはなし

- セカンドソースを含めた情報処理（収集・分析）
  - 外交情報以外の情報（諜報機関・学者・友人等）
  - 電子偵察衛星ｴｼｭﾛﾝの通信傍受（NASA、CIAで解析）
  - 情報資料（資料、知識）と情報（知能、思考力）の違い
    情報とは情（心）を報ずること⇒人望ある人に集まる
  - 諜報に踊らされる"裸の王様"になってはいけない

防災対応の合言葉

「想定外を流行語にしてはならない
　　　　　　　地域で守る坂出市」

① 想定外に対応するのが危機管理
　・最悪想定して悲観的に準備し楽観的に対処
　・ダーウィン「生き残る動物‥」、ビスマルク「愚者は‥・賢者は‥」
② あらゆることを想定し訓練（想定内で対処）
　・プロ（匠）の技は、基本基礎の反復と周到な準備から
　　鍛えられた「心・技・体」が想定外の対応力を生む
　・人の成長過程：「守・破・離」（柔軟性・創造力）

雑談一口メモ－③

● 20Cは戦争の世紀 → 21Cは見えない敵との戦い
　日露～WWⅠⅡ～冷戦～湾岸戦争 → テロ・自然災害・感染症

● 環境適応能力の重要性示唆した言葉
　・「生き残る動物は大・力でなく、変化に対応できる動物」（ダーウィン）
　・「愚者は自己の経験に学び、賢者は歴史に学ぶ」（ビスマルク）

● 「自助」「共助」が基本‥発災直後72hが生死の転換点
　阪神～救助の80%は家族・ご近所、東日本～92%は津波水死

● 「公助」機能発揮には時間‥平素の準備・訓練が左右
　市・消防・警察行動には限界、自衛隊の機能発揮は3日目以降

日本の国土地形特性

孫武：「敵を知り己を知らば百戦危うからず」
「災害・土俵・我」を知ることが闘いの第一歩

● 地理風土：四面環海、山紫水明、四季
　狩猟～農耕～土着定住～家族一族～天皇中心国家
　＜優れた食文化、しきたり、和・美精神＞
● 災害環境：地震・火山大国、台風銀座
　・プレート・活断層（20%）、海流（親潮・黒潮・対馬・リマン）
　・偏西風・自転、地球温暖化（エル～ニョ・ラニーニャ現象）
　＜地震・火山、台風・異常気象に脆弱＞

日本の国土地形特性

地震を知る

● 日本面積は世界1/400、地震火山エネルギーは1/10
　マグニチュードMは地震規模：0.2↑でEn2倍、1↑でEn32倍
● 海溝型・内陸直下型地震のメカニズムと周期

○ 活断層：世界有数の変動帯20%集中（約2,000）
○ 液状化：新潟地震で注目・阪神・神戸・東日本・浦安、東京
○ スロッシング：東海・東南海～名古屋30階ビル3秒・4m共振
　十勝～苫小牧石油タンク火災、中越～六本木エレベータ切断、メキシコ等
○ キラーパルス：中越沖・柏崎1～2秒地震動で木造建が共振破壊
○ 未認定断層：岩手・宮城-30°×10km・4mズレ、ダム湖で津波

★ 日本で地震未発生地は0、千・万年目が明日来る

津波を知る

● 注意報（50cm）でも甘く見るな→大人も流される
● 地震による地盤沈下を忘れるな!! [津波犠牲:92.5%]

○ スマトラ地震：M9.2、津波で23万犠牲・東日本で現実に
　（遠地津波）600km先のスリランカへ、チリ22h後日本・死者142人
○ 伝搬速度：v=√gh 太平洋4000mで700km/h（ジェット並）
○ ヌルヌル地震：明治三陸沖 震度2も30°大津波・予headの泣介
○ 山体崩壊：雲仙・駒ケ岳・インドネシア（カルデラ）・岩手（ダム湖）
○ 火災呼ぶ：奥尻192棟・三陸216棟・アラスカ1町全焼・新潟290棟

★ 対処：①即避難 ②何度も ③湾奥高 ④川運河逆流

東海・東海海・南海地震の歴史

| 東海地震 | 東南海地震 | 南海地震 |

- 684（白鳳:M8.3）
- ――――― 887（仁和:M8.5）――――― ← 203
- 1099（康和:M8.3） 1096（永長:M8.5）← 209
- ―――――1361（正平:M8.5）――――― ← 262
- 137→―――――1498（明応:M8.4）―――――
- 137→ ―――――1605（慶長:M7.9）
- 102→ ―――――1707（宝永:M8.6）
- 1854（安政:M8.0）―――1854（安政:M8.4）――― ←147
- 1946（昭和:M8.0） 1944（昭和:M7.9）―87（'11:157）
- 【4.20:読売】
- ★ 2010：駿河沖で宣言、日向灘併せ4連動地震M9.0も [4.8:産経]
  ～5連動（台湾沖）!?[市長メール]

今すぐできる防災対策

- 心構え：明日起きる地震に備えて「自助」「共助」
- ドンときたら落ち着いて行動：屋内①②③、屋外では
- 非常持ち出し袋、備蓄品：警笛・ライトは命綱
  ・リュック‥靴、軍手、タオル、懐中電池、ラジオ、日用品、貴重品他
  ・倉庫・水（3*3L）、非常食、ロープ、防寒・雨具、着替、寝具他

- 家の健康診断と耐震処置：家具固定等（補助金制度）
  周辺地盤、構造・材質、電気・水道・ガス不具合等
- 家庭で実施する応急処置：家族会議・役割分担
  避難、消火器、応急手当、携帯自作、非常情報配信サービス他

教育と私の経験則ー④

- 先を考えて行動する習慣（未来予測）をつける
  ・本を読む（想像力）‥「何故、どうして」を語りかける
  ・頭がよくなる環境は？‥「青い海、緑の山、でこぼこの坂道」
- 命を支える見えない力、「命の大切さ」を教える
  ・ライ麦の根毛長さは ‥ シベリア鉄道1.1万km張りめぐらす
  ・人は生きているだけで価値がある‥体中24hミクロの闘い
- 子供は一生懸命生きる親の背中を見て育つ
  ・知ることの深さは愛することへの道・心の変化に関心持つ
  ・いつも見守っているという安心感付与・生徒・部下も同じ

▼ ▼ ▼ ▼ ▼ ▼ ▼ ▼
「考える力」「表現する力」「人格形成」⇒自立と個性

雑談一口メモー④

- 建物被害認定調査：7/4(月)～12(火)仙台市泉区にて
  ・一般家屋、アパート・マンション、店舗など67件うち半壊判定10件
  ・敷地造成（切盛土）地区、河川近傍で地盤沈下による被害大
- 調査懇談での教訓・対策事項
  ・適正な建築工法・材料、副業、各固定処置は極めて有効
  ・衣・食・住に必要な備蓄重要（各家庭・避難所・役所）
  ・メンタルヘルスを含む健康管理（避難所・役所）
  ・学校での避難行動、家族引き渡しは並行して実施
  ・職員・隊員は被災住民の心情に配慮した言動必要
  ・安否未確認のまま救助活動、救助要請はできない

  ・長期対応視野の実践的本部活動、情報収集・伝達体制確保
  ・業務マニュアル・職員の役割分担、現実に即した避難訓練・連携
  ・職員家族の安否・救助は自治会・自主防災・OB組織が実施

まとめ（最後に）

- どんな名言、優れた計画・施策や施設も実行・利用しなければ、宝の持ち腐れ（猫に小判）
- 知事とは「知識を事に移す人」「決断する人」の意 実行しないのは知らないことと同じ（有名大学も!?）

防災対策で最も重要な事は
▼ ▼ ▼ ▼ ▼ ▼ ▼ ▼
防災意識・平時の訓練と準備・有事の行動
心・技・体＝心構えと実行力

ご清聴ありがとうございました。

2 寿町中央自治会防災講話（平成24年4月）

梅園町、香川大学坂出附属小学校防災講話他

地震イメージトレーニング行動追体験

今までのことを整理してみましょう。
地震発生時～3秒～3分～3時間～

① 適切な行動が取れたことは？取れなかったことは？
 ・取れなかったことを今日中にメモっておきましょう。
 ・自分で行動できるまで反復訓練してください。
② ご家庭の防災用品で準備できていなかったことは？
 ・なかった備品は明日の1900までに揃えてください。
③ ご家庭内で地震発生時の行動を話し合ってください。
 ・避難場所・経路、連絡が取れない場合の行動は？
④ 自治会等での役割分担は決まっていますか？
 ・支援が必要な方はいますか？誰が支援しますか？

防災力テスト（1-1）

第1問：地震が起きたらどのように行動しますか・注意事項でも可？

(一つでも思いついた人は、手を挙げてください)

● 自助・共助
 ・3秒：地震だ！居場所に応じ身を守る
 ・3分：揺れO！家族、火、出口、ラジオ、津波避難
 ・3時：皆無事！近所・自主防、余震、危険、漏電・ガス
 ・3日：水・食糧、災害情報、安否連絡、危険近寄らず
● 公助(受・協力)

防災力テスト（1-2）

● 駅やホームにいたら
 頭をかばう！落下物に注意！ホームに落ちない！
● 競技場にいたら
 その場で様子！出口・中央・係員の指示に！
● 浜辺にいたら
 津波は！即海から遠ざかる・高台・ビルに避難！
● 道路で歩いていたら
 ・落下物に注意！路地・塀等の危険から遠ざかる！
 ・近くの丈夫なビルや広場等に一時避難し様子見！
● 車に乗っていたら
 ・徐々に減速し道路左側に停車エンジン停止！
 ・キーつけたまま、車検証を持ち歩いて避難！

防災力テスト（1-3）

● 家の中にいたら
 ・慌てて外に飛び出さない！、落下物に注意！
 ・窓ガラスの破片・階段殺到注意！エレベータは？
● 劇場、デパートにいたら
 頭をかばう！誘導灯、係員の指示に従う！
● 学校にいたら
 ・教室・机の下にもぐる！先生の指示に従う！
 ・廊下・運動場・体育館・・中央に集まってしゃがむ！
● 高層ビルにいたら
 非常口を確認する習慣を！
● エレベータの中にいたら
 すべての階のボタン押しすぐ降りる！緊急ボタン！

防災力テスト（2）

第2問：非常持ち出し袋、防災備蓄品は準備していますか、どんな物？

● ヘルメット、頭巾、軍手、運動靴、警笛、懐中電灯
● 水・食料、ラジオ、薬・医療品、貴重品、ウエットティッシュ
● 毛布、雨衣・防寒具・カイロ、道具・ロープ・サバイバル
● 予備電池、ろうそく、紙おむつ、粉ミルク・哺乳瓶、etc.

防災力テスト（3）

第3問：防災訓練、講演会等に参加したことがありますか？

● 消火器を使える・使ったことのある人は？
● 応急手当ができる・AEDが使える人？
● 避難所・場所を知っている・行ったことがある人？
● ハザードマップを知っている・見たことのある人？

防災カテスト(4)

第4問：地震が起きてもお家や家具や寝室の配置等は大丈夫？

- 家具，家電等の固定処置は実施していますか？
- 家はいつ建て，どんな構造材質か知っていますか？
- 耐震診断や耐震工事に市から補助金が出るのは知っていますか・利用しましたか・今後の予定は？

防災カテスト(5)

第5問：地震発生した時の行動，避難所，避難経路，連絡先などを家族で話し合っていますか？

- お父さん・お母さん等の連絡先は知っていますか？
- お父さんに携帯メールできる・したことありますか？
- 緊急地震速報・エリアメール等で情報入手できますか？

震度と体感・現象

1	・僅かな揺れ感じる	5強	タンス・自販機が倒壊 自動車の運転困難
2	・電灯が僅かに揺れ		
3	殆どの人揺れ感じる 茶棚の食器が音立	6弱	立つこと困難，壁タイルが壊れる，ドア開かず
4	就寝中に目覚める 不安定な物が倒れ 歩行中でも揺れ体感	6強	立てない，固定していない重い家具倒れる 這って行動，ドア飛ぶ
5弱	家具が移動したり，本や食器が落下 窓ガラスが割れる	7	自分の意思で行動できず，大きな地割れ 山崩・地滑り発生

中央防災会議「最終報告」

- 経過　4/27専門調査会、6/26中間報告、10/11最終報告
- 東日本大震災の被害特性と検証
  特徴、津波被害、地震動被害、液状化‥
- これまでの想定対象地震と津波の考え方
  今回災害と想定との食い違いへの反省
- 防災対策で対象とする地震・津波の考え方
  ① 最大クラスの津波への対策(L1) ‥「減災」
  ・行政、病院等最低限必要な社会機能を維持
  ・避難を軸に土地利用、避難施設等を組み合わせ総合対策
  ② 頻度の高い津波に対する対策(L2) ‥「防災」
  ・人命保護、経済活動の安定化、海岸保全施設等を整備
  ・施設効果の粘り強い構造物の技術開発、整備
  ※　防災意識の向上は共通重視事項

石碑に刻まれた先人の教え

- 岩手県宮古市重茂姉吉地区
  （11世帯30人集落：2度被害）
  「高き住宅は児孫に和楽‥‥」
  （高いところにある家は子孫を幸せにする）
  「‥‥此処より下に家を建てるな」
  人口：57,952人、V字湾リアス・陸の孤島、海の幸と災害

- 1896年明治三陸地震で2人残して壊滅
- 1933年昭和三陸地震で4人残して壊滅
- 集落高台移転、海抜60m下避難に石碑建立
- 泡にいた住民は大津波警報で高台の自宅へ
  約800メートルの坂道を駆け上がる
- 津波遡上観測史上最大38.9mを記録するも
  津波は石碑の手前50mで止まり集落は無傷

宮古市田老の大防潮堤

- 岩手県宮古市下閉伊郡田老町
  （人口4,570人,2005年合併）
  防潮堤500mが一瞬にして倒壊
  津波高は堤防の倍はあった
  津波被害が多く「津波太郎」の異名

- 1896(明三)：14.6m，全345戸，1,859人(83%)
- 1933(昭三)：500戸，911人(32%)→防潮堤
- 1958年：高10m長1350m建設→ﾁﾘで被害無
- 1979年：高10m長2433m建設X字型防潮堤が
  市街取囲(万里の長城)総工費当時約50億円
- 2003年：「津波防災の町」宣言で見学者多数
  同地区出身田畑ヨリ「津波てんでんこ」﨑芝居
- 2011年：防潮堤の安心感で多数逃遅れ

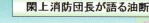

3 横津町自治会防災講話（平成25年8月）

日清製粉清寿会、港湾運送協同組合防災講話他

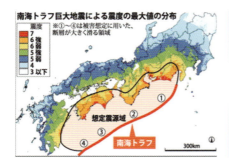

建物・人的被害（四国最大ケース）

● 建物全壊・焼失棟数

	最小被害	最大被害	県想定(H17)
国 全 体	約94万棟	約236.4万棟	―
香 川 県	約8,100棟	約55,000棟	4,596棟
想定シーン等	冬・深夜・平均	冬・夕・8m/s	冬・夕・―

● 死者数

	最小被害	最大被害	県想定(H17)
国 全 体	約32,000人	約226,000人	―
香 川 県	約90人	約3,500人	188人
想定シーン等	夏・昼・8・高	冬・深夜・8・低	冬・夕・―

※ 津波死者数：今回最小20・最大1000、県想定(H17)は0

東海・東南海・南海地震の歴史

```
 東海地震      東南海地震      南海地震
684(白鳳:M8.3)
------------ 887(仁和:M8.5) ------------ ← 203
1099(康和:M8.3)  1096(永長:M8.5) ← 209
------------ 1361(正平:M8.5) ------------ ← 262
      137→ ------------1498(明応:M8.4)------------
137→ ------------ 1605(慶長:M7.9) ------------
102→ ------------ 1707(宝永:M8.6) ------------
1854(安政:M8.0) --- 1854(安政:M8.4) ------------ ←147
1946(昭和:M8.0)  1944(昭和:M7.9) ---87( '11:157)
```
<南海トラフ巨大地震(確率30年以内60%)は18年後：寒川氏>
・ 864：富士噴火→869：貞観(M8.6)→887：仁和(M8.5)
・1185：日向灘→文治南海・1707：富士噴火→宝永(M8.5)
・2011：桜島噴火→東日本大震災(M9.0)→西日本大震災？

香川県被害想定(1次)：25.3.31

◎ 地震モデルとMw(岩盤ずれの規模)M(地震計から計算)
・海溝型：①最大クラス(Mw9.0) ②頻度高いクラス(M8.7)
・直下型：③中央構造線(M8.0) ④長尾断層(M7.1)

◎ 震度分布
・最大震度：① 6強 ② 5強 ③ 6強 ④ 6弱
・液状化危険度：共通A・B・C・D(詳細な調査対策の判断目安)

◎ 最大津波水位・浸水面積・到達時間等
・津波水位：① 2.8m ② 2.6m （県H17:坂出港2.7m）
・浸水面積：① 1,101ha (国：810、県H17:1,116) ② 283ha
・到達時間等：海面変動開始13分、最大津波到達244分
（県H17：津波第1波到達130分、海面変動195分）

木造建物の被害率曲線

H24.8.29 内閣府公表資料より

津波に関する用語

用語	説明
津 波 水 位	東京湾平均海面(TP)と津波により上昇した海面の高さとの差
津 波 波 高	東京湾平均潮位と津波により上昇した海面の高さとの差
浸 水 深	浸水域の水面から地面までの深さ
東京湾平均海面(TP)	東京湾の代表地点における平均潮位の海面の高さ 標高の基準となる。【Tokyo Peil の略】
標 高 (TP)	東京湾平均海面(TP)からの高さ
朔望平均満潮位	朔(新月)および望(満月)の日から5日以内に現れる、各月の最高満潮面の平均値

津波浸水の目安

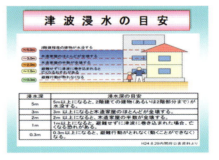

浸水深	浸水深の目安
5m	5m以上になると、2階建ての建物（あるいは2階部分まで）が水没する。
3m	3m以上になると、木造家屋のほとんどが全壊する。
2m	2m以上になると、木造家屋の半数が全壊する。
1m	1m以上になると、避難せずに津波に巻き込まれた場合、亡くなる恐れがある。
0.3m	0.3m以上になると、避難行動がとれなくなる(動くことができなく)なる。

H24.8.29内閣府公表資料より

地震発生後の津波時期・規模(1)

◎ 本日1950南海トラフ巨大地震地震が発生しました。
- 坂出港には何時、何mの津波が来るでしょうか?
- 坂出港天文(推算)潮位(標高)は次の通りです。
  8日 00:12・150cm 06:19・-53cm 11:51・123cm 18:12・-106cm
  9日 00:37・151cm 06:49・-60cm 12:24・126cm 18:44・-102cm

① 津波第1波到達時間は、2200頃です。(130分後)
   津波水位TP1.8m⇒満潮の2h23分前1.4mです。
② 津波第2波到達時間は、2250頃です。(180分後)
   津波水位TP2.3m⇒満潮の1h33分前2.0mです。
③ 最大津波到達時間は、翌0200頃です。(244分後)
   津波水位TP2.8m⇒満潮の1h23分後約2.5mです。
   ⇒ 計算上は、岸壁を超えません。(標高:2.7m)

地震発生後の津波時期・規模(2)

◎ 皆さんの自宅には津波が来ますか・様相は?
   横津の津波を予測してみましょう!!
   坂出港天文(推算)潮位(標高)は次の通りです。
   8日 00:12・150cm 06:19・-53cm 11:51・123cm 18:12・-106cm
   9日 00:37・151cm 06:49・-60cm 12:24・126cm 18:44・-102cm

① 横津自治会館(標高0.8m)の津波は?
   坂出港1波2200頃・約1.4m、2波2250頃・約2.0m
   最大津波3波0200頃・約2.5m
   東運河(坂江橋標高2.7m)を超えるか?
   ⇒ 計算上は水門を超えませんが、満潮と最大津波
     が重なり越流すれば、1.9mの浸水となります。
② ご自宅の様相をイメージ(各地域で異なります。)

津波警報等の根拠・発表基準

◎ 根拠:気象業務法(S27.6.2)、H25.3.7改正下記表
- 気象庁は、気象、地象、津波、高潮、波浪、及び洪水について、一般の利用に適合する予報及び警報をしなければならない。(法13条1項)
- 津波警報の発表・解除について、直ちに通知しなければならない(法15条1項) 管區庁、国交省、海上保安庁、NTT、日本放送協会 ⇒ 市町
- 気象庁以外の者が津波の警報を出すことは原則禁止(法23条) 市町村別外
- 独断で津波の警報を出した者は、最高50万円の罰金(法46条6号)
- 同法一部改正:特別警報··大津波、土砂災害、暴風、高潮、波浪、地震、噴火等

分 類	改正前高さ	数値表現	定性表現	予想区分
大津波警報	10m以上 8m、6m 4m、3m	10m超 10m 5m	巨大	10m～ 5m～10m 3m～5m
津波警報	2m、1m	3m	高い	1m～3m
津波注意報	0.5 m	1m	(なし)	0.2m～1m

防災関連法案等の改正状況

1 石油備蓄法の改正 (24.8.29)
   災害時における石油の供給不足への対処等のための石油の備蓄の確保等に関する法律⇒「石油」とは、原油、皆宅石油製品及び石油ガスをいう。
   ① 放出要件··海外供給不足+災害 ⇒ 全国10地域の連携計画義務化
   ② 給油拠点··SS設定

2 防災・減災等に資する国土強靭化基本法案 (25.5.20)
   - 国土強靭化基本法案(24.11.施案)と防災・減災ニューディール推進基本法案を一本化
   - 基本理念:必要な事前防災・減災、迅速な復旧復興に資する施策を実施評価
   - 推進本部設置:大規模災害時の被害想定作成、「国土強靭化基本計画」を策定

3 建築物の耐震改修の促進に関する法律一部改正 (25.5.22)
   - 耐震診断及び耐震改修の努力義務の対象となる建物の範囲を拡大
   - 不特定多数者利用建物及び避難弱者利用建物の耐震診断の義務化と結果公表
     緊急輸送道路、避難沿線道路の建物、危険物貯蔵施設ほか
   - 計画認定の対象や容積率、建ぺい率の特例など
   - 耐震性に関する表示制度の創設

防災体制の充実・強化方針等

◎ 25年度方針
   防災体制の充実・強化策の柱を危機管理体制の強化とし、職員を対象とした図上訓練を実施し地域防災計画に基づく災害対策本部及び各部の実効性ある施策を具現化する。
   また、地域防災力向上については、継続的な住民防災意識の啓発、自主防災組織の育成・活性化により「自助」・「共助」能力及び態勢を醸成する。

◎ 重視事業
   ● 職員図上訓練による計画の具体化、実効性検討
     事業継続計画、津波対策、要援護者、医療救護活動
   ● 情報伝達体制整備、同報系防災行政無線整備等
   ● 土砂災害及び津波ハザードマップ作成、ため池検討
   ● 自主防災組織の活性化(研修、活動・資機材・防災士助成)
   ● 防災備蓄事業(数量・種類見直し、保管施設整備)ほか

国・県等検討会等への参加

◎ 香川地域継続検討協議会・勉強会:香川大学
◎ 大規模水害対策検討会:香川大学・香川河川国道事務所
◎ 災害に強いまちづくり検討会:四国地方整備局
◎ 四国港湾の地震・津波対策検討会議:四国地方整備局
◎ 石油コンビナート等防災アセスメント調査委員会:消防庁・県
◎ 災害情報協議会:香川河川国道事務所
◎ 地理空間情報活用香川地域連携協議会:国土地理院
◎ 市町防災減災対策連絡協議会:香川県
◎ 防災行政無線運営管理協議会:香川県
◎ 災害時情報収集伝達あり方検討会:香川県
◎ 中讃圏域健康危機管理連絡会:中讃保健事務所

4 川津地区社会福祉協議会防災講話(平成26年11月)

林田地区社会福祉協議会ボランティア養成講座他

災害対策基本法の一部改正：25.6.21

◎ 法改正の経緯‥24.6月改正に続く更なる法制上の措置
　中央防災会議「防災対策推進検討会議」最終報告(24.7.31)の必要事項
◎ 趣旨及び主な内容
　1　大規模広域的な災害に対する即応力の強化等
　　(1) 災害緊急事態への対処の拡充　(2) 国の被災地方公共団体への支援強化
　　(3) 法律に基づく規制の特例
　2　住民等の円滑かつ安全な避難の確保
　　(1) 指定緊急避難場所の指定　(2) 避難行動要支援者名簿の作成
　　(3) 避難指示等の具体性と迅速性の確保　(4) 防災マップの作成
　3　被災者保護対策の改善
　　(1) 指定避難所の基準の明確化　(2) 被災者支援のための情報基盤の整備
　　(3) 被災者の広域避難のための運送支援　(4) 災害救助法の一部改正
　4　平素からの取組の強化
　　(1) 基本理念の明確化　(2) 各主体の役割明確化　(3) 地域防災計画の作成
　5　その他
　　(1) 災害定義の見直し　(2) 災害対策本部の構成　(3) 応急対策従事者の安全確保
　　(4) 意入欠かん落の見直し　(5) 特定非常災害法の一部改正

災害対策基本法の一部改正：総則

◎ 定義の明確化(第2条1)‥土砂災害を追加
　災害とは：暴風、竜巻、豪雨、豪雪、洪水、高潮、地震、津波、噴火、その他の異常な自然災害(略‥大規模火事・爆発)により生ずる被害
　→　例示に「がけ崩れ」「土石流」「地すべり」を追加
◎ 基本理念の明確化(第2条2)‥大規模広域災害対策充実強化
　・減災の考え方‥国土特性、人口構造・社会経済変化等を踏まえた対策
　・災害対策の実施主体‥自助、共助、公助の役割分担と連携
　・ハード・ソフトの組合せ‥科学的知見、教訓・人命保護・情報、資源配分
　・被災者認識‥多様なニーズと変化、早急な復旧復興、配慮から理念へ
◎ 市町村の責務(第5条)‥自主防災組織の充実
◎ ボランティアとの連携(第5条3)‥配慮事項から連携へ
◎ 事業者の責務(第7条2)‥住民から事業者、事業継続規定
◎ 住民の責務(第7条3)‥物資の備蓄、訓練参加を明記

国土強靱化基本法の概要

◎ 目的‥公共の福祉、国民生活・経済の向上
◎ 基本理念‥国土・産業政策「国家百年の大計」
　① 経済等一極集中、国土の脆弱性是正
　② 地域交流・連携、振興・活性化・定住促進
　③ 大規模災害の未然防止・被害拡大防止等
◎ 基本的施策‥国・地域特性に応じた12の施策
　① 復興対策　② 避難・救護　③ 社会基盤整備
　④ 保健医療、福祉　⑤ エネルギー安定供給　⑥ 通信情報
　⑦ 物資等供給　⑧ 地域間交流・連携　⑨ 経済力維持向上
　⑩ 農林水産業の振興　⑪ 離島保全　⑫ 地域の維持活性化
　▼　▼　▼　▼　▼　▼　▼　▼　▼　▼
　日本を取り戻す(家族・伝統)、最高の福祉政策

南海トラフ特別措置法の概要

◎ 南海トラフ地震防災対策推進地域指定‥内閣総理大臣
　科学的に想定し得る最大規模の地震を想定し、推進地域を指定
◎ 基本計画作成‥中央防災会議
◎ 推進計画作成‥指定行政機関の長、指定公共機関
　次の事項を定め、連絡関係の目標、達成期間を定める
　・避難場所・経路、消防施設等の整備・津波防護、避難、救助に関する事項
　・防災訓練に関する事項・国、地方自治体、関係者の連携協力の確保
　※ 市町村防災会議は、上記について基本となる事項を定めることができる
◎ 対策計画作成‥医療機関、不特定多数出入管理者
　指定から6か月以内に計画を作成し県知事に届出
◎ 特別強化地域指定‥内閣総理大臣
　推進区域のうち特別に強化すべき地域を指定　→　香川県はなし
◎ 津波避難対策緊急事業計画作成‥市町村長
　・国負担、補助特例・事業に要する経費、移転の財政上配慮
　・集団移転促進事業特例‥同促進法、農地法、地方財政法、協議等配慮

津波防災地域づくり基本指針

1　津波対策の推進に関する法律(23.6.24)
　・目的：津波による被害から国民の生命、身体及び財産を保護するため、津波対策を総合的かつ効果的に推進し、もって社会の秩序の維持と公共の福祉の確保に資する。
　・条項：ソフト面、ソフト面における津波対策の努力義務
　　　　　津波対策に係るその他の施策に関する規定等ほか
2　津波防災地域づくりに関する法律(23.12.7)
　・同基本指針決定(23.12.27)告示(24.1.16)‥国土交通大臣が定める
　　ハード・ソフトの施策を組み合わせた「多重防御」による津波防災地域づくり
　・基本指針：① 津波防災地域づくりの推進に関する基本的事項
　　　　　　　② 基本調査について指針となるべき事項
　　　　　　　③ 津波浸水想定の設定について指針となるべき事項
　　　　　　　④ 推進計画の作成について指針となるべき事項
　　　　　　　⑤ 警戒区域・特別警戒区域の指定について指針となるべき事項

災害への備えと行動（住民）

◎ 基本：「自助」：自らの命は自ら守る防災対策
　　　　「共助」：家族・近所の助け合い、地域相互の連携

● 防災訓練・研修等への参加(備え・行動・知識習得)
● 過去の災害記録や地域の情報収集
● 避難場所・経路・方法、家族との連絡方法等の確認
● 家・建物の耐震診断、耐震工事
● 家具、窓ガラス等、転倒、落下等防止対策(固定処置)
● ブロック塀、工作物等の点検・補強、要すれば撤去
● 消火器等の準備
● 食料、飲料水、生活品等の備蓄、ラジオ等の情報収集手段の用意
● 高齢者、障がい者等災害時要援護者の援助
● 自主防災組織の結成・積極的な活動
● 災害情報の収集に努め、必要と判断したときは自主的に避難
　避難準備情報、避難勧告、避難指示が発令されたときは従う。
● 避難の際は、努めて自主防災組織等の行動基準に従う。

5　中央地区婦人会防災講話（平成27年3月）

　香川県防災士会西讃支部防災講話他

海面変動影響開始予測：観音寺市

☆ 地殻変動　　☆ 津波の影響　　☆ 最大津波
　⇩（18分〜）　　（1波：285分）⇩　　（444分）

※ 津波水位(T.P)：朔望平均満潮位・東京湾平均海面
　朔望平均満潮位：新月・満月から5日以内の平均満潮位

坂出港天文（積算）潮位（標高）

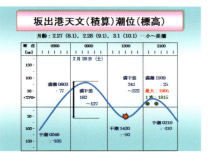

発災後の家庭〜自治会等の行動

わが家の津波避難計画

① 地図に自宅・勤務先・学校に○印をつけましょう。
② 自宅や勤務先から浸水区域外への，できる限り短い避難経路を書き込みましょう。浸水区域外であっても海や川の方向には逃げないでください。
③ それぞれの避難経路付近で浸水区域外にある広場等（一時避難場所）を決めましょう。
④ 家族が集合する場所（避難所など）を決め，◎印をつけてみましょう。
⑤ それぞれの一時避難場所から家族の集合場所までの経路を書き込んでみましょう。

地震発生後の行動チェック

● 発災〜3秒〜3分
　① グラッと来たら，居場所に応じ身（頭）を守る，手当
　② 揺れが収まるまで，机の下等にもぐる，自由確保
● 3分〜1時間
　① 火を消す‥水・消火器・マヨネーズ・布団等使用
　② 家族の安否確認‥要すれば救出・応急手当
　③ 災害・被災情報確認‥テレビ・ラジオ，パソコン，携帯等
　　緊急地震速報：震源・震度，津波・満潮，気象等
　④ 電気・ガス・水道確認‥台所，風呂場，トイレ，各室
　　ブレーカ，元栓，メーター類，破損・危険箇所の応急処置
　⑤ 玄関・出口確認‥要すれば障害物除去，脱出準備
　⑥ 避難準備‥避難服着替え，非常用リュック確認・準備

地震発生後の行動チェック

● 1〜3時間
　① 気象・災害・被災情報の確認‥震度・津波警報等
　　余震・津波到達時間，市内・避難経路の被災状況
　② 外出家族安否確認‥電話，携帯メール・伝言活用
　③ 備蓄品確認‥水・食糧・医療品，貴重品，着替え等
　④ 家族会議‥避難場所・経路・方法等話し合い
　⑤ 近所安否確認‥被災確認，要すれば救出・救護
　⑥ 自治会等連絡‥要支援者支援準備，情報伝達
　　車いす，応急担架，車，避難場所・経路等の確認
　⑦ 市の災害対策本部活動等の動向確認‥各種手段
　　避難勧告・指示，指定避難所開設状況（半日以上？）
　⑧ 避難開始‥集会所〜高台一時避難場所へ

服装・非常持出袋・備蓄品

- 避難時の服装
  - ヘルメット、頭巾、軍手、運動靴、厚手服上下
  - 非常持出リュック背負う、警笛、懐中電灯携行
- 非常持出リュック内容品
  - 水・食糧、ラジオ、薬・医療品、貴重品、ウエットティッシュ
  - 懐中電灯・予備電池、カイロ、ロープ、多用途ナイフ
  - 着替え、雨衣・防寒具、蚊取線香、キンカン、うちわ
    ほか個人に応じ選定
- 備蓄品
  - 毛布、マット、ろうそく、紙おむつ、粉ミルク・哺乳瓶
  - 食糧(米・缶詰・カップメン等)・水、箸・紙コップ・皿、ジャー
  - 道具類(バール、鋸、ハンマー、ドライバー等一式)etc.

自治会・自主防災組織の現状と考察

- ◎ 現 状 [人口:54,300人、世帯数:24,581(26.10.1)]
- 自治会数:335(12地区)、加入率:59.8%(在住:68.7%)
- 自主防災組織数:74組織、活動カバー率:58.2(35)%
  加入:14,300(8,576)世帯、届出:校区(8/12)、組織(4/12)
- ◎ 考 察
- 自治会平均73(64)世帯、165人、1世帯2.3(2.6)人
- 年齢構成は15~64(56.0%)、65~(32.1%)‥2:1(高齢化)
- 自治会1/3が未加入、地縁・共助意識希薄、伝統継承低下
  ⇒地域共同連携、団結・絆、自主防災組織結成率限界
- 要配慮者の占める割合は、人口の約1割と推定
  ⇒登録・申請率低下、福祉施設受入限界、医療救護負担増
- 自主活動カバー率実態と数字が乖離 ⇒ 統一認識必要
  ▼ ▼ ▼
  地域の安全・安心、活性化、人口減少、産業経済等に影響

防災施策の先進性について

- ◎ 危機監理室の新編(H23.4)
  - 防災係(総務課)、情報監理推進係(旧企画課)から独立
  - 各種職務経歴を持つ人材を登用し、男女比率、年齢構成等
    世代間バランスを考慮した職員配置
- ◎ 情報共有・意思疎通に留意した業務
  - 主要業務を通した上下左右の意志疎通・調整重視
    ・進行管理、定例会答弁、各種会議・監査、職員研修等
    ・平素の住民対応、市長メール・目安箱、防災訓練・講話等
    ・定期的報告の実施による市長等方針、意向等の伺指
  - 室ミーティング:業務の打合わせ、情報共有(毎日)
    ・月・週間・本日業務予定、成果、問題点等
  - 部課長等ミーティング、各種会議・出張報告等
  - 室業務分析検討会:各職員毎に業務分析(年2回)
    上・下期の問題点、次期反映事項等について発表討議

石油コンビナート等特別地区の概要

- ◎ 概要・特性‥県内最大の臨海工業地帯
  - 埋立総面積:6,203,869㎡(S30~50達成)、旧沙弥島・瀬居島
  - 通路:県道33号・186号・192号、瀬戸大橋・瀬戸中央自動車道路接続
  - 水道:府中ダム・香川用水からの工業用配水管路(12万t/日)
- ◎ 気象・港湾の状況
  - 気象:温和な瀬戸内式気候で少雨、日照時間多い(太陽光利用に有利)
  - 地質:砂丘法盤(粘土加え土で盛土の底盤で通過指示力が現在と十分)
  - 潮位:H.W.L+3.206m(L.W.L+0.223m)、流速:最大0.727m/s
- ◎ 石油コンビナート特別防災区域‥総面積:4,361,258㎡
  - 第1種事業所:コスモ石油(株)・三菱化学(株)・四国電力(株)・ライオンケミカル(株)
  - 第2種事業所:川崎重工業(株)
  - 貯蔵施設:タンク(163)・防油堤(32)、製造施設:33
- ◎ 特別防災区域周辺区域
  - 周辺事業所:YKKAP(株)四国事業所、石油・高圧ガス取扱7企業
  - タンカー入港状況:3,353隻(千t未:2,614、5千t未:700、1万t未:23、1万t~16隻)
  - 隣接地域:A・B・C地区、番の州町15番地、沙弥地区

大手企業の防災体制と連携

- ◎ 番の州企業の位置づけ、坂出市との関係
  - 石油コンビナート等災害防止法第27条1項規定に基づき、現地では本協定を現地防災本部長及坂出市長、坂出市消防計画本部編集事業用(案)制定
  - 同法に基づく特定事業所における条件併せ、自衛防災組織の編成
    第一義的責任者として防災体制を確立‥必要な防災資機材を配備
  - 瀬戸内地区広域共同防災協議会、番の州地区特別防災協議会の設立
  - 応援協力体制(実災害防止法、坂出市消防、番の州地域自治体協議会加盟団体の相互応援体制(協定等)
  - 市町、県、他県、石油基地自治体協議会加盟団体協定
- ◎ 番の州臨海工業団地懇談会の開催趣旨等
  - 立地企業は香川県の工業化を牽引し、戦後の原動力としての役割を担っており、企業と行政が関係連携・意見意見交換し、課題を共有し、事業環境整備と地域経済の活性化に取り組む。
  - 主要テーマ、業界版に対する意見交換
    ① 大規模災害時の行政から企業への情報伝達手段
    ② 安全な避難場所・避難経路等
    ③ 県道瀬居坂出線交通規制による従業員の出入り、液状化の影響と対策
    ④ 香川県地震・津波想定と対策、番の州公園付近の冠水
    ⑤ 工業用水、電力の早期取組、がれき撤去等港湾の早期取組み等

教育訓練と私の経験則

- 教育訓練は、動機づけと目的意識 ⇒ 環境づくり
  - 目的意識は難しいが、動機づけは何でもよい「参加・行動」
  - 練度に応じ段階的訓練、基本反復が応用も生む「プロの技」
- 私の経験則 ⇒ 仕事の実践評価・考え方
  - 成長とは問題解決能力の向上‥決断の思考、知事とは
  - 実務能力の向上‥「聞く・話す・書く」は電話・スピーチ・日記で
  - 権利と義務、自由と責任は表裏一体‥一方主張は未成熟
- 整理整頓・清掃・標示標識 ⇒ 環境の整備
  - 玄関とトイレ見れば、家庭の躾が‥受付態度で組織が評価
  - 子供の躾は「江戸しぐさ」・人間関係は1日、言葉は心が根底
    「三つ心」「六つ躾」「九つ言葉」「文十二」「理十五」
  - 頭がよくなる環境とは‥命の大切さを教える「ライ麦の根毛」

6 自主防災組織リーダー研修会（平成 27 年 7 月）

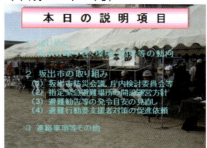

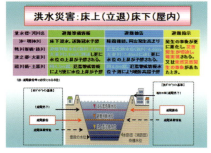
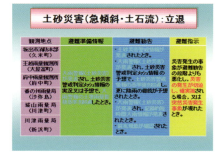

129

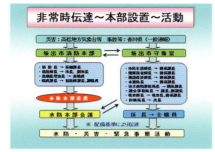
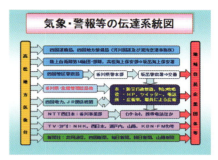

※　台風11号に伴う水防本部活動で中止された資料を紹介した。

7 災害に強いまちづくり検討会、その他の施策（ＰＰ資料抜粋）

基本方針・基本施策・メニュー

基本方針	確実な避難の実現に向けた密集市街地の対策等と被災後を見据えた対応策の充実	
項目	基本施策	導入メニュー
命を守るために逃げる	津波避難場所・経路の確保	・避難場所の確保（緊急避難場所・避難所等）
まちの構造を見直す	住宅等の耐震化	・住宅の耐震化等の促進（耐震診断・耐震改修等）
	多重防御のまちづくり	・液状化対策の推進
	火災に強いまちづくり	・密集市街地の解消
災害に負けない人・組織等をつくる	人的防災力の向上	・地震・津波被害に関する意識の高揚 ・在宅避難者対策の推進 ・帰宅困難者対策の推進
	地方公共団体の防災力向上	・コンビナート災害の防災・減殺対策の推進 ・岌出市事業継続計画（BCP）の策定

災害に強いまちづくり構造図

防災女性チームについて

◎ 設置目的等：
男女ニーズの違いを踏まえた避難所運営や日常生活における減災対策等について調査・研究し、防災対策に反映させる。
⇒ 女性の視点から様々な課題を検討し、防災対策を推進

◎ 背景等：
・地震・台風は「自然現象」で、災害とは「生活」が壊されること
・少子高齢化における女性の役割、避難者等における性差によるニーズ違い、避難先での安全確保上の理解不足

◎ 活動実績：
・結成（26.5.9）、月1回の検討会（12）、活動報告（2）
・防災フェスタ（1/31）：女性消防団「チームコスモス」、日赤婦人会共催

防災指導員制度について

◎ 設置目的等：
地域防災力の中心的役割を担う自主防災組織の活性化施策として、指導者層不足、組織率向上、活動格差是正等を図る。
⇒ 消防・警察・自衛隊OB、防災士等の中から、市長が委嘱

◎ 背景等：
・住民防災意識の高まり、自主防災リーダー研修会意見・要望
・大規模災害時、行政の地域情報収集・伝達能力不足、制約
・住民から信頼される地域リーダーとしての地位・名誉を付与

◎ 活動実績：
・市主催自主防災リーダー研修会、避難訓練、意見交換会等
・地域の避難訓練、金山親子防災訓練：防災マップ、キャンプ等

緊急物資備蓄事業見直しの考え方

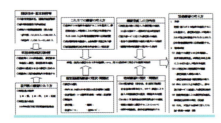

20倍の所要に対応する手段

① 家庭備蓄	② 家庭備蓄	③ 家庭備蓄	① 家庭での軽減 ・家具転倒防止 ・建物の耐震化
② 地域備蓄	② 地域備蓄	② 地域備蓄	① 家庭での軽減 ・家具転倒防止 ・建物の耐震化
③ 市の備蓄 （1,000人分）	③ 市の備蓄 （1,000人分）	③ 市の備蓄 （1,000人分）	① 家庭での軽減 ・家具転倒防止 ・建物の耐震化
④ 流通備蓄	④ 流通備蓄	④ 流通備蓄	① 家庭での軽減 ・家具転倒防止 ・建物の耐震化
⑤ 県等備蓄	⑤ 県等備蓄	⑤ 県等備蓄	① 家庭での軽減 ・家具転倒防止 ・建物の耐震化

高台候補地（10m以上）

町 名	施設等名	町 名	施設等名	町 名	施設等名
御供所	常磐神社	江 尻	金山ニュータウン	王 越	JA・青木神社
川 津	岡宮神社	西 庄	白軍宮天皇寺	櫃 石	櫃石郵便局
新 浜	金毘羅神社	西 庄	祇園・荒神社	岩 黒	岩黒小中学校
富士見	角山霊園下	林 田	雄山・麓山	瀬 居	西浦大師堂
小 山	坂出中学校	高 屋	遍照院松浦寺	瀬 居	本浦観音堂
川 津	かわつ墓園	青 海	中村公民館	沙弥島	理源大師堂
川 津	春日神社	大屋富	相模大権現	沙弥島	旧沙弥中学校
福 江	池の宮神社	王 越	天理教分教所	川 津	幸神社市有地
福 江	三宮荒神社	王 越	妙見神常光寺	御供所	常盤グランド
谷 町	谷内幸神社	王 越	旧王越小学校	小 山	獅子池公園
谷 町	金山小学校	王 越	喜佐波神社	与 島	旧与島中学校

高台候補地（20m以上）

町 名	施設等名	町 名	施設等名	町 名	施設等名
坂 出	常磐公園	加 茂	東鴨神社	岩 黒	初田神社
坂 出	塩釜神社	櫃 石	牛子天満宮	岩 黒	愛宕神社
新 浜	角山運動公園	神 谷	神谷神社	与 島	天満神社
川 津	川津果樹園	高 屋	高家神社	与 島	旧与島小学校
川 津	川津小学校	青 海	青海神社	瀬 居	甑子神社高山
西 庄	別宮八幡宮	大屋富	厳島神社	瀬 居	戎神社竹浦台
西 庄	大峰神社	王 越	八坂神社	沙弥島	金毘羅神社
府 中	鴨川浄水場	王 越	赤穂神社	川 津	星岩天満宮
府 中	城山神社	王 越	東山北集会所	川 津	JA川津倉庫
府 中	香大森連寺社	王 越	十一面観音寺	府 中	福宮神社
加 茂	松尾神社	櫃 石	王子神社	王 越	梅津神社

海抜標示マップについて

1　海抜標示マップとは
　　東京湾平均海面（T.P）を基準として、海抜40mまでの地盤高を12段階に区分し、色分け標示した地形図
2　ハザードマップとの違い・用途
　・ハザードマップは、過去の災害等を前提とした災害毎の危険度を表示　⇒　前提が異なると目安
　・海抜標示マップは、災害規模にかかわらず地形データとして活用できる　⇒　気象情報を得て活用
3　効用
　・使用者自ら情報を得て判断する手段としての効用
　・「自助」「共助」の活用基盤としての効用

実務能力を向上させる方法

1　脳を鍛える3原則
　①　読み・書き・計算　②　指で何かを作る　③　コミュニケーション
2　各種能力の向上手段
　①　文書起案・文書要務：
　　　根拠に基づく起案、意志決定・伝達、上司の決裁行為
　②　業務予定・見積もり：
　　　調整力、行動決定、分析・シミュレーション、将来予測行為
　③　意見交換・ミーティング：
　　　問題発見、意見調整、結論・方針案出、議事録作成行為
　④　電話受領・業務日誌：
　　　相手の意見・意志、自己の行動を整理・記録に残す行為
　⑤　指導記録・活励評価：
　　　相手の真意・表現評価、目的・原則に従い矯正する行為

＜あとがき＞

　本著執筆中の４月１４日午後９時２６分、熊本地方で震度７、М６．５の地震が発生した。余震が続く中、１５日未明にも震度６強、М７．３の地震が発生し、１７日の新聞一面には熊本「本震、М７．３」の記事が掲載され、これまで指摘してきた事項の多くが繰り返されていることに感慨深いものがあった。

　１週間後の新聞記事一面には「震災関連死１１人、車中泊に伴う肺塞栓症（エコノミークラス症候群）」本震は震度７に修正された。余震は、１０日後の２４日現在で震度１以上が８７２回観測された。政府の地震調査委員会は、１４日の地震は布田川・日奈久断層帯や近くの小規模活断層の活動が原因で、１６日の地震は布田川断層帯の布田川区間が震源断層という見解を発表した。これらの断層帯が連動して動いた可能性も指摘されているが、一方で１４日と１６日の地震の仕組みは異なりそれぞれ独立した活動と見るべきとする意見もある。また、近接する断層帯だけでなく距離が離れた断層帯と連鎖し、震源が移動するという点も観測史上初めてのことである。気象庁は、前震・本震・余震の区別は難しく区別せずに見ていきたいと説明しており、冒頭に地震予知について述べたとおりだった。本地震による死者数は、１４日９人、１６日３４人の死亡が確認されていたが、最初の地震で避難していればと思った人は私だけではないと思う。いずれ本地震に関しても、各種対策が打ち出されてくると思うが、災害教訓は山ほどあり、活用するかしないかはあなた自身である。

　本書を書き終えるにあたり、一言お詫びと謝辞を述べたいと思う。防災講演集等の題材は講演内容が重ならないよう、講演参加者の対象

に応じ代表的なものを選び、また資料の重複を避けたため実際の内容とは異なる部分があることをお許し願うとともに、ＰＰ資料は講演で訴えたいことの補足なので読むことを前提としていませんので、皆さんの創造力で解釈して頂きたい。これから防災を担当される読者の皆様には本書がどう映ったのか知りたいところであるが、最後に次のことを申し添え筆を納めることにする。

"防災対応に１００％や絶対はあり得ないが、物事には必ず例外がある。それは、近い将来南海トラフ巨大地震や首都直下地震は必ず起きるということである。"いつ起きるかは皆さん自身が考えることです。

平成２８年５月

＜参考文献＞
1　坂出市地域防災計画、同「参考資料」
2　坂出市避難行動要支援者避難支援計画（全体計画）
3　坂出市業務継続計画（ＢＣＰ）、別冊「坂出市非常時優先業務」
4　坂出市役所ホームページ（危機監理室関連事項）資料
　　危機監理室業務資料（各事業、防災訓練、防災講演）他
5　香川大学「香川地域継続検討協議会、同勉強会」資料
6　香川大学「第５回危機管理シンポジウム」資料
　　香川大学客員教授金田義行氏講演資料
　　「南海トラフ巨大地震研究の最前線」
7　平成26年版防衛ハンドブック（朝雲新聞社）資料他
8　四国地方整備局「平成２５年度第１回災害に強いまちづくり検討会」資料
9　香川県「市町ＢＣＰ策定西部ブロック会議」資料
10　北九州市立大学准教授加藤尊秋氏図上訓練資料（訓練結果）
　　「意思決定ネットワークシステム」「図上シミュレーション訓練を用いた市町村における 部局間連携能力の定量的評価」
11　京都大学教授矢守克也氏講演資料
　　「クロスロード」（26.7.3坂出市職員研修）
12　慶應義塾大学教授吉川筆子氏講演資料
　　「リスククミュニケーション」（27.7.24坂出市職員研修）

＜著者紹介＞

高木 照男（たかぎ てるお）

昭和 30 年 1 月 20 生れ、61 歳（執筆時）

防衛大学校第 21 期（昭和 52 年卒）

陸上幕僚監部、東部方面総監部、中部方面総監部、第 10 施設大隊長兼春日井駐屯地司令、施設学校教官室長、第 4 施設団高級幕僚、関西補給処桂支処部長等を歴任

平成 23 年 1 月第 14 旅団にて陸上自衛隊を退官

平成 23 年 4 月 1 日坂出市危機監理室長就任（平成 28 年 3 月勇退）

現在地域防災マネージャー等として活動

市町村のための防災・危機管理
― これから防災を担当する若い人に是非読んでほしい体験記 ―

2016 年 8 月 2 日　初版第 1 刷発行
2018 年 10 月 1 日　　　第 2 刷発行

著　者　高木 照男

発行所　ブイツーソリューション
　　　　〒466-0848 名古屋市昭和区長戸町 4-40
　　　　電話 052-799-7391　Fax 052-799-7984

発売元　星雲社
　　　　〒112-0005 東京都文京区水道 1-3-30
　　　　電話 03-3868-3275　Fax 03-3868-6588

印刷所　藤原印刷

ISBN 978-4-434-22254-2
©Teruo Takagi 2016 Printed in Japan

万一、落丁乱丁のある場合は送料当社負担でお取替えいたします。
ブイツーソリューション宛にお送りください。